Las palabras que me visten

Mónica Vargas

INDICE

PROLOGO I

INTRODUCCIÓN XIII

COMIENZOS 1

ABRIENDO HERIDA 2

REMINISCENCIA 3

ADULTA ABSORBIDA 5

TÚ 6

BASADO EN HECHOS REALES 7

RICA EN SENTIMIENTOS 9

NO HAY COMPAÑÍA QUE MÁS LLENE 10

A QUIEN NO ME ACEPTÓ SIENDO YO 12

TE QUIERO 13

HABRÉ GANADO 15

LA MANÍA 16

NOS QUISIMOS DE MÁS   17

ME CORRESPONDÍ   18

NI POR ENCIMA, NI POR DEBAJO   20

EL RETIRO   22

SANTA PAZ   23

QUIERO QUE TE QUIERAS   24

PARA TI   25

ME SIENTO FÉNIX, GRACIAS   26

LEE ENTRE LÍNEAS   27

NO ERES CUALQUIERA, ERES TÚ   28

¿QUÉ VES?   30

HOY LA QUE SE VA SOY YO   31

VIDA, ES COMPARTIR   33

DEPENDE DE TI   36

RECUERDO — 37

ABUELA — 39

ABUELO — 41

HISTORIAS DE AMOR PROPIO — 43

REINA DE CORAZON(ES) — 44

LA VIVIMOS O YA VEREMOS — 46

CON ALAS ABIERTAS A LA LOCURA — 47

TANTAS COSAS QUE CREÍA NO SER — 48

TU DEMONIO DEVORÓ MI ÁNGEL — 49

LA REALIDAD — 50

CUALQUIER PIEZA — 53

EL PODER DE PROTEGER — 54

BATALLAS GANADAS — 55

ÁMESE QUIEN QUIERA — 56

TE QUIERO VIVIR   57

¿?   59

MANTENER LAS ASCUAS   60

SIENDO A TU LADO   62

PERDER TIEMPO   64

PUNTOS SUSPENSIVOS   65

HE VUELTO A ENCONTRARME   66

NECESARIO DETENERSE   68

NO ERES TÚ, SOY YO   70

INTENCIONES   71

MERCADO DE TRUEQUE   72

LA VUELTA ES INDISPENSABLE   74

(BI)SENSACIÓN   75

ABRÁZATE   76

FAMA 77

A TI, PALABRA 79

LO SIENTO, BUENAS NOCHES 80

VOLVER PARA QUEDARSE 81

COMO CUALQUIER HISTORIA 83

AGRADECIDA Y TODO 84

PRESA Y CAZA 86

PIENSA 87

EL ÚLTIMO TREN 90

DICCIONARIO 93

TROZOS DE VIDA 94

ERES 95

LA PELÍCULA A TU MANERA 97

TERCER SEIS 99

PAREN EL MUNDO — 100

VIVIRLO Y DISFRUTARLO — 102

ESTUDIOS SECUNDARIOS — 103

CONTIGO QUIERO — 105

TE QUIERO, JODER — 106

ME MEREZCO — 107

TARATATÍ — 108

SOY PRESA — 110

AMOR — 111

YA NO TENGO MIEDO — 112

¡LLEVA CUIDADO! — 113

LA CLAVE — 114

ERES MÍA — 115

AMA MIS DEFECTOS — 116

FLASHES DE INSPIRACIÓN 117

EPÍLOGO 126

AGRADECIMIENTOS 129

PRÓLOGO

Antes de adentrarme en cualquier aspecto que tenga relación con esta maravillosa lectura, me gustaría agradecerle a Mónica, aunque sea de manera escueta, el haber pensado en mí para hacer algo tan importante como es el prólogo de su primer libro. Y sí, me gusta la idea de cómo suena el enumerar esto como "primer libro", porque después de leerlo estoy seguro de que os vais a quedar con muchísimas más ganas de leer un segundo; y con gran probabilidad un tercero...etc.

"Las palabras que me visten" no es ni más ni menos que lo que es Mónica en su totalidad. Tras haber dicho esto, y sobre todo para los que no la conocéis todavía, Mónica es alguien que va a sobrepasar cualquier tipo de expectativa que se puede tener sobre una persona. A través de la lectura, no solo vais a conocer mejor a la increíble persona que hay detrás del libro, sino que podréis sentir de primera mano toda la rabia, frustración, emoción y, ante todo, todo el amor que puede llegar a desprender ella por sí misma (aunque he de decir que con la pequeña descripción que acabo de hacer, no puedo llegar a acercarme ni por asomo a lo que se siente al tener una persona como ella al lado).

¿Sabéis qué es lo mejor del libro?

Podéis estar tranquilos porque no os voy a hacer ningún tipo de adelanto respecto al contenido, pero sí me gustaría anticiparos que vais a acabar el libro con el alma llena de Mónica y de ganas de vivir; de quereros por encima de todo y ante todo; de llegar a realizar todas aquellas cosas que nunca creíste que podrías llegar a realizar y por último y no por ello menos importante, de sentirte en plenitud contigo mismo.

Mónica es de las pocas personas, de todas las que yo haya podido leer o escuchar algo, capaz de hacer algo tan real, íntimo y personal como lo hace en cada texto o en cada vídeo que sale recitando. Y lo mejor de todo es que le sale natural, ya lo iréis comprobando y acabaréis dándome la razón...

Por último, he de decir que estoy más que seguro de que cuando acabéis "Las palabras que me visten" vais a sentir que habéis crecido en lo personal y habéis podido sentir en su máximo esplendor TODAS y cada una de las palabras que le visten a ella, haciéndola ser tal y como es.

Me encantaría pedirte querido/a lector/a, que cuando acabes de leerlo pienses en una palabra con la que crees que podría vestir Mónica en su conjunto personal.

Comienzo yo.

La mía es: INCOMPARABLE.

Fernando Jover Orts
@prosafrentealverso

INTRODUCCIÓN

Parece que ha llegado el momento de centrarme, sentarme y recrearme.

De hablarme para así recordarme, porque parece que lo único que no recuerdo es a mí; y eso que estoy presente de forma perenne.

Cuando me despisto y no pienso; sigo dejándome atrás del telón, como si no fuese la protagonista de esta historia interminable entre mente y corazón.

Estoy harta de tener que llevar un control mental, para así no apuñalarme y desangrarme, sin más asesinos que mi poco coraje para enfrentarme a este puto demonio.

Me cansa tener que decirme:

¡DETENTE!

Para reconocer que, aunque a veces quisiera, nunca puedo olvidarme de mí y ya no es que no pueda, es que tampoco me lo voy a permitir.

En ocasiones me creo y siento insignificante, me autoconvenzo de que no debo existir para el resto y es que esos pensamientos solo existen para mí.

El mundo sigue ahí, observándome, mirando cómo pasa el tiempo conmigo de la mano.

Y yo, yo sigo dando tumbos sin saber regocijarme en el momento, me creo incapaz, porque no se hacerlo sin sacar a flote atuendos que jodan el instante perfecto.

A veces me dejo vencer ante sensaciones muertas, o eso creo, porque dicen que los muertos no reviven; quizás soy yo la que cometió el crimen, dejándolos moribundos ya que, aquí dentro aún viven.

Qué bonito es observar y admirar al sol de lejos, pero la realidad es que si pudiésemos verlo por dentro acabaríamos ardiendo.

Y aquí os pongo un poco en contexto de este caos que es capaz de vestirme y desnudarme a la vez.

Que a veces siento ahogarme, pero siempre acabo saliendo a flote y espero que vosotros también lo hagáis, después de indagar en este laberinto interno, lleno de subidas y bajadas, pero que finalmente siempre encuentra la salida.

>> <u>Ser yo misma</u> <<

EL PROBLEMA, SIGUE SIN SER DE LOS QUE
SENTIMOS, DE LOS QUE DAMOS TODO Y NO
RECIBIMOS.
SE NOS ACABA ECHANDO DE MENOS, (mucho),
CUANDO DECIDIMOS IRNOS.

@monicavargas_v

LAS PALABRAS QUE ME VISTEN

COMIENZOS...

Para introducirme, si recuerdo aquella infancia, la nube que aparece en mi cabeza es de sensación bastante amarga.
Ya de niños juzgamos por la apariencia, con inocencia sí, pero a veces acompañada de crueldad.
Lo que vivas en tu niñez, te marcará la adolescencia, lo que conlleva también a la madurez.
De ahí que tú pasado, delimite tu presente y si no tomas las riendas, se acabará apoderando y dominando tu futuro.
Esto, puede que solo lo entiendan aquellos que lo sufrieron, aquellos que nacieron "fuera" de unos cánones de belleza ya impuestos desde pequeños.
¡Y qué pena!

A día de hoy, la siento aún más que en aquel propio instante, donde fui víctima de todo este postureo; en aquel momento aún sin ser mostrado en redes sociales, pero ya se apuntaban maneras y repito ¡Qué pena!
Por suerte, eso hizo que hoy sea fuerte.

Aunque para llegar a serlo he tenido que sufrirlo, y la verdad, no se lo deseo a nadie.
Solo pido hacer consciencia, que se acepte a las personas tal y como son, porque siendo tal cual eres, realmente ya eres especial.

ABRIENDO HERIDA

Sin raspar y como escuece.
No recuerdo que edad tenía, cuando ya sufría por la injusticia de, "no haber nacido como los demás" estéticamente.
Y aún menos comprendía, porque se me debía tratar de un modo diferente por pesar X kg de más, cuando eso, siempre es lo de menos.
¿A caso eso te priva del derecho a ser feliz?

¿A sonreír? ¿A jugar? ¿A vivir?

Me resultan preguntas de un calibre muy grande, para una mente, cuerpo y corazón tan pequeño;
aunque si algo me ha caracterizado <u>siempre</u>, era tener un <u>corazón</u> más <u>grande</u> que mi cuerpo entero.

Pero esto he sido capaz de valorarlo hoy.
Esto solo lo comprende quien lo vive y siente, pero la realidad, es que nadie debería sentirse fuera de lugar y diferente.
Con la niñez se sentenció mi madurez.
Y aquí estoy rascando.

A ver si soy capaz de crecer, sin perder(me) otra vez.

REMINISCENCIA

Te juro que, a veces desearía borrarte de mi cabeza, de mi vida.

Pero es que, sin ti, no existiría la persona que soy hoy.

Odio cada inseguridad que te viste y cada botón de miedo que te abrochas, cuando alguien se acerca a ti.

Odio verte triste, escondida del mundo, tras el telón de inseguridad y terror a lo que puedan y opinar de ti.

Te entiendo, te hicieron sufrir sin piedad, ni fin.

¡Pero qué importa lo que digan!

Si eres grandiosa en todo tu esplendor.

Siempre escondida por temor, pero, ¿temor?

¿Temor a qué?

Cobardía debían de tener los que ladraban para asustarte con el ruido, pero salían corriendo, porque tú aun sin fuerzas, eras la que mordía.

Siempre te caracterizó esa rebeldía.

De niños nos manejan, somos algo parecido a las marionetas; libres de caretas, aunque a veces, sin que te corresponda te toca ponértela.

Qué jodida es la vida cuando te enseñan a creer lo que ellos miran, sin realmente ver.

Es cruel vivir una infancia, en la que se te cuelga una mochila con peso extra que va creciendo con el paso de los años, acompañando tus pasos, cada vez más pesados.

Que te desmonta y te retumba.

Y al final sientes que vives en una especie de tumba; muerta en vida.

Ojalá pudiera hablar contigo, decirte que mira donde has llegado, que has conseguido todo lo que te has propuesto siempre, que no has dejado de avanzar, pese al daño y los tropiezos.

Que las despedidas tempranas te jodieron, pero te hicieron más fuerte, aunque no lo hayas sentido hasta ahora, en tu presente.

Que te tocó vivir muchas vivencias que no merecías, ni te correspondían.

Que no tenías que pensar "Por qué ellos sí y yo no".

Porque ahora hay muchos que no y tú sí.

La infancia es una etapa que nos toca vivir, porque sí, pero realmente no la vivimos a nuestro modo y esto nos marca y subraya la forma de vivir los siguientes períodos.

Pero hoy, estoy feliz de ser quien soy.

Orgullosa de estar donde estoy.

Y aunque odie a veces recordarte, por el dolor que me produces, realmente no quiero echarte.

PD: *Quisieron hacerte infeliz, y en cierto modo lo consiguieron, pero ahora estamos aquí, unidas, haciendo frente al dolor que intentó manejarnos, pero fue un intento fallido.*

Siempre vivirás dentro de mí, pequeña.

Te quiero, reminiscencia favorita.

ADULTA ABSORBIDA

Ya son 28.

Hace tiempo que ya soy una mujer, además de los pies a la cabeza.

De estas que siguen manteniendo sus valores y además de no quererse lo suficiente, se respeta más que a nadie en este mundo.

Doy todo lo que tengo, la mayoría de veces a quien no lo merece.

Sé querer hasta morir y por eso he tenido que revivir tantas veces.

Y sí, es posible querer sin querer(te).

Nunca fui perfecta, ni lo soy, ni lo seré y no porque no pueda, es que me da pereza.

Amo los defectos, porque las virtudes todo el mundo las quiere, no busco ser diferente y perdonarme la poca modestia; es que lo soy, precisamente por eso, porque no busco serlo.

Soy una adulta, en muchas ocasiones absorbida por una niña, rota y dolida.

Y de ahí, que a veces sufra de más, de ahí a haya admitido ciertas cosas sin necesidad.

Pero os prometo que, todo esto se ha acabado ya.

TÚ...

Tú no das oportunidades.

No sabes estar a medias, si te marchas será para siempre, porque eres de "aprovecha el presente".

Casi siempre me llevas estresada, no sé cómo encontrar en ti la calma.

Aunque a veces, cuando quieres, te detienes demasiado.

Cuando me siento a gusto y me encuentro en paz, decides convertirte en estrella fugaz, sin ni si quiera darme tiempo a pedir un deseo.

Si no supe aprovecharte, me tengo que conformar, porque tú,

mi **querido tiempo,** avanzas sin mirar atrás.

BASADO EN HECHOS REALES

Basado en hechos reales está este libro que tienes entre las manos.

Un día, un grande dijo *ser o no ser* y otro le siguió gritando que, el *amor viene y va*.
Te vi pasar y supe desde el primer momento que cruzamos la mirada, que eras un *chico problemático*, fue ahí donde comprendí que *me llaman* la salvavidas; por meterme en mares dónde siempre están revueltos.
Pero *tal como eres* me enganchaste.

Siento que *quiero contarte* todo lo que me invade por dentro; *amor libre* es lo que me viste y *el camino del guerrero* es mi sendero favorito.
Anochece, hasta que te vuelvo a mirar y *amanece*, aunque sea en este instante la luna la que nos mira.
Si yo fuera viento, firmaría que tú fueses mi huracán.

Tu mirada y la mía tienen su propio dialecto, *el idioma de los dioses*, me susurraste lento.
Un día cualquiera me desperté *pensando en voz alta*; grité *el tiempo escapa* cógeme con fuerza, no me dejes escapar y tu *desafío* me contestó con *disparos de silencio*.

Ni estabas, ni estarás; me comentó el viento.
Dolió, pero decidí seguir *viviendo*, ya solo tenía *hambre de victoria* y fui consciente que, tú solo fuiste el *cuenta cuentos* que siempre estuvo a *años luz*, que vives en el *reino de lo absurdo* siendo *esclavo del destino*.
Me miré.

Y mientras ***busco*** sentido a ***un nuevo amanecer***, me pregunto:

¿Que soy?

Y un sabio llamado <u>**NACH**</u> respondió:

Abrázate, la vida es eso que se siente ***entre el placer y el dolor*** constantemente, pero tienes ***tantas razones*** para salir a encontrarte, que aun estando ***en la cuerda floja***, los ***héroes*** de tu interior saldrán para contarte que, ***más allá de las sombras*** está tu ***espíritu perdido***, y que con esta ***poesía difusa*** te lograrás encontrar.

Esto es ***el regreso***, no te dejes escapar.

Texto realizado con títulos
de @nachsoyyo

RICA EN SENTIMIENTOS

Sus alas visten de alfiler y su corazón afinado en
sintonía.
Es más de llorar riendo, que de llorar en silencio.
Dice lo que piensa en el momento, ya no guarda
tormentos dentro.
La fortaleza la hizo rica en sentimientos, salir a comerse
el mundo le adelgazó, pero no fue su físico quien le dio la
razón para ser feliz.
Ella siempre fue bonita por fuera, aunque sus ojos no
supiesen apreciarlo, la mugre que portaba en su
interior, solo la hacía percibir quebrantos de cabeza,
pecho y corazón.
De perder razones, sin razón.
De perder el valor, su valor.

Pero ya no.

Hace tiempo que cayó del leño, sin tener amortiguación
en el suelo.

Se pinchó con muchas hojas secas; de cada poro de su
piel salió un rayo de valentía, valor y amor propio.

Toda la vida dando pasos en falso, porque ni ella creía
por donde iba pisando.

Y así pasaba, vivía en agonía, vestida de rebeldía, dando
a quien no merecía y atacando a quien la quería.

Pero no, ya no.

Y no es que ella ahora se crea válida, es que lo es.

Siempre lo fue.

NO HAY COMPAÑÍA QUE MÁS LLENE

Estar en paz con uno mismo, es crear guerras con el resto del mundo.
Asumí el riesgo de la batalla, pues necesitaba tenerme a mi antes que a nadie.
Toda la vida he luchado por el bienestar de los demás, pero así no ganaba la guerra, mi guerra.
Un día comprendí, que sin tenerme no podría tener a nadie, ni si quiera salvarlo, aunque quisiera.

Cuando tu voz propia desaparece, te descolocas escuchando las voces de los demás.
Cada uno te dará un consejo, bienvenido desde su interior, pero aunque sea bueno y adecuado a la circunstancias, no significa que sea el correcto a seguir, aquí ya entran en juego tus sentimientos.
Y ahí comienza el conflicto.
Nada se podrá comparar con tu decisión propia.
Por ello decidí apartarme sin abandonar, centrarme en mi persona antes que en la de los demás.
Gritar mi nombre hasta encontrarme y una vez enfrente, agarrarme tan fuerte que, aunque quisiera no podré soltarme jamás.
Porque a ti siempre te tendrás, las personas vienen y van, pero dime, cuándo eres tú quien se va...

¿Quién eres?

¿Qué te queda?

¡Nada!

Hay quien te juzgará, porque decidas marchar a buscarte, pero de lo que también estoy segura es que, se

quedará quien también quiera encontrarte.
Si no te tienes tú, no te tiene nadie.

Y hay quien te echa de menos a ti, a tu pureza y esencia.
El camino es duro, sonreirás y llorarás a la par, a veces
sabrás el motivo, otras ni si quiera lo encontrarás por
más que trates de buscarlo.

Pero todos esos baches, que te hacen vivir en un vaivén,
te estarán llevando hacia la meta que deseas alcanzar:

<< TÚ >>

Y no vale distraerse en el trayecto, hay que tener claro
el objetivo, lucha, se constante, fuerte y lo lograrás.
No me cabe duda que al final, estarás más acompañado
que cuando empezaste.

Pues te habrás reencontrado contigo y no hay <u>compañía</u>
que más llene que ser <u>tú</u> mismo.

A QUIEN NO ME ACEPTÓ SIENDO YO

Bajo presión, *aprendí* a encontrar la *calma*.
Dime, *¿dónde vas?* me preguntaba el espejo mientras
me miraba a la cara.
Me haces falta, quédate, el amor ajeno *viene y
va*, pero el tuyo ha de permanecer.
Hazte fuerte tú eres *magia* el problema es de los que
hacen trucos para intentar verlo, cuando realmente
contigo no hace falta.
Tu *estado crítico* te jugó malas pasadas, el *monstruo
del armario* intentó llevarse tus ganas.
Al final del camino se encuentra la llave, pero *como
duele* correr con *cadenas* que te anclen.
El *arte* se ve *con los ojos cerrados*, siéntate
aquí, *gira y gira* hasta encontrarte a ti.
Eres *musa imborrable*.
No volveré a pensar pa' tras,
olvídalo, *solo tú comprendes* que *seas quien seas*
debes querer(te), como nadie se atreve, respira...
Voy a *quererte a mi modo no volveré a pensar* que
este *mundo* podrá conmigo.
Lo haré *por mí*, *lo prometo*.
El día en que morí llegó una bocanada de *aire* y
reviví.
¿Qué más decir? Si *con el paso del tiempo* solo supe
decir *adiós* a quien no me aceptaba siendo yo.

*Texto realizado con títulos
de @danteacmusic*

TE QUIERO

Cuanto más te buscaba, más lejos huías.

Tardaste en llegar, pero aquí estás.

Juro que nunca anhelé algo con tanto afán como este momento.

Me senté a esperar, requería paciencia y constancia.

Yo, que no soy de dar tiempo al tiempo porque me desespero, con certeza sabía que esta espera, sí merecería la pena.

Y por fin llegaste, llegaste cuando menos te esperaba, creando huracanes que arrasaron con todos mis fantasmas y calmando mis ansias.

Llegaste fuerte, sin templanza, arrancando las espinas de las rosas que, al final, solo resultaron ser capullos.

Abriste los ojos y supiste verme, me miraste como nadie antes me había mirado; por dentro y por fuera; de lado y de frente, amando mis defectos y explotando mis virtudes.

Me regalas viveza, aquella que nunca creí que lograría alcanzar.

Haces que disfrute de MI <u>SER</u> mostrándome en la vida, y no vivir escondida.

Demasiado tiempo cobijada y viniste arrancando sábanas y edredón de la cama, en pleno invierno como si no sintieses el frío, exclamando ¡LEVANTA! que aquí fuera, nos esperan.

Salí tiritando, muerta de frío, pero con el roce de tus caricias pronto entré en calor; el amor de tus miradas me abrigó y tu sonrisa…

Mejor me guardo la expresión.

No hace falta tanto rollo para declararte que, sé que infinitamente tú serás el <u>amor</u> de mi <u>vida</u>, aquel al único a quien me senté a esperar, aquel que desee con tantas, tantas ganas que, al fin llegó.

NUNCA DEJES DE MIRARME ASÍ, por favor.

Te quiero, mi <u>yo</u>.

HABRÉ GANADO

Imposible extirpar unas ganas nacidas de esperanza.
Confieso haber perdido confianza y fe, pero volvieron
con él.
Que se calle la <u>mente</u>, si abre la boca el <u>corazón</u>,
no puedo correr en contra, si la palabra <u>lucha</u> es la que
me dicta la razón.
Apuesto para <u>ganar</u>, aunque corra el riesgo de <u>perder</u>,
porque aun perdiendo, siempre habré ganado.

LA MANÍA

La manía de juzgar(te).
La manía de mirarte y no verte como debes.
La manía de pensar de más y por ende, hacer de menos.
La puta costumbre de no valorarte, de andar a piezas, ir
desmontándote y pasar de pararte a montarte de nuevo.
La adicción de ser para los demás, sin ser para ti.
Taparte los oídos para no escucharte, excusarte y seguir.
Culpar a los demás de lo que te sucede, cuando
realmente lo que sucede es que, si no eres capaz de
escucharte tú, ¿Dime?

¿Quién lo va a hacer?
Sé y no quieras ser.
<u>Muéstrate.</u>
Cuando buscas ser diferente es cuando eres igual que el
resto de la gente, que siendo <u>tal cual eres</u> ya tienes una
especialidad ganada en la vida.
No pretendas gustarle a todos, porque así es como
acabarán apreciándote de menos.
No intentes venderte, porque no tienes un precio.

Y si eres tú mismo quien se lo pone, finalmente
créeme, que el valor será lo de menos.
No dejes que, tu <u>felicidad</u> baile en manos ajenas; que
nadie sea tu condena perpetua.
Y cuando <u>realmente tú,</u> aprendas a mirarte, te resultará
insignificante <u>ser</u> invisible para el resto.

NOS QUISIMOS DE MÁS

Fuimos dos almas que se quisieron a muerte, y eso
hicimos, matarnos.
Y no de amor.
Nos quisimos de más, no bien.
No supimos crecer,
No supimos querer,
No supimos creer.
Que el amor no duele, calma.
Que las caricias no raspan, erizan.
Que los besos no se piden, se dan.
Que los abrazos hablan y quizás, tú eras demasiado
callado.
Que el decir, no es demostrar.
Que el amor nace, pero también se crea.
Y aquí andamos, buscando en otras masas, nuestros
rostros rotos.
Un corazón disfrazado de amor valiente, aunque
desvanecido.
Un cuerpo al que estremecer sin volver a vernos.

Y quien iba a imaginar que, de todo esto quedarían,
únicamente, dos muertos en vida.

ME CORRESPONDÍ

Ha llegado diciembre, otro año transitado.
Otro año de altibajos, esta vez más altos que
bajos, porque los bajos se quedaron al ras, sin
profundizar.
Otro año, pero no es otro, es él.
Porque arranqué vendas que taponaban mi piel y
empezó a supurar cada poro de hiel.
Borracha de sentimientos a encontronazos.
Que me provocaron el coma etílico al borde del abismo.

Y del colocón, eché a volar.
Abrí mis alas, las dejé despegar.
Que mentecata me sentí, cuando arrastraron de mí y yo
28 años pensando que, eran débiles y estaban rotas.
Y tan solo estaban abandonadas, ya que, toda mi
concentración se volcaba en pensar que ya nada, ni
nadie me movería de aquí.
Pero sí, tuve que conectar con el interior para lanzarme
al exterior.
A veces la superficie se visualiza lisa y por dentro está
resquebrajada, a punto de partirse en mil pedazos y
dejarte caer al vacío.
Y caí, pero fue cuando me llené.
¿Qué locura no?
Si en el vacío se supone que, no hay contenido.
Lo hay, ¡ya te digo si lo hay!
En él me encontré a mí, me di la mano y me
correspondí.
Asumí que, mi <u>salvación</u> era agarrada de mi palma y no
la de ningún ajeno, que como muchos, la cogerían en
vano para más tarde soltarla de sopetón.
Yo la agarré fuerte y con certeza supe que, no la soltaría
más.

Pues igual de mierda que es, la sensación de no saber ni quien eres; tan gratificante es volver a <u>reconocerte</u>; y verte; y cogerte; y mirarte; y decirte:

<<<u>No</u> pienso <u>perderte</u>>>
Y esto ocurre en este diciembre, que, a pesar de sitios vacíos, aunque llenos de almas, este año se rellena uno más, porque no solo está mi cuerpo, sino mi ser.

NI POR ENCIMA, NI POR DEBAJO

¿Cómo se expresa cuando tienes el alma llena?
¿Qué adjetivo le pongo a sentirme totalmente <u>plena</u>?
Que bien sabe el azúcar, después del rastro acerbo, que
deja una almendra amarga.
Pero ahora, llevo un puñado en la mano y todas me
tocan buenas.
¿Estoy loca por tener <u>suerte</u> y sorprenderme?
Quizás, no era yo quien la tenía que buscar, puede que
me haya acompañado desde siempre y yo haya tentado
su muerte.
Pero ella, más fuerte que yo, me ganó la batalla y
ahora, ¡Mira! Me acompaña.
Yo, que era la persona más insegura, desvivida y
preocupada de este planeta, llamado tierra o mierda, ya
no lo sé.
Miedica, cobarde, con sangre, pero, sin venas que
cortarme.
Y no sé a qué o quién tenía miedo, si los que ladraban
nunca se atrevieron a morder, antes de abrir la boca ya
se habían atragantado con su propio ego.

Compañero mírame, creías estar por encima y la verdad,
que no pretendo dejarte por debajo, pero aun estando al
mismo nivel, créeme, sin coger carrerilla, te <u>gano</u>.
Pero yo no soy de competir, estoy muy bien donde me
hallo, mi posición es correcta y sincera, la tuya,
bueno, otro día si eso lo hablamos.
No te voy a criticar, sería prestarte saliva y que
corrieses peligro de atraganto; la verdad es que, te
quiero más vivo que nunca, para que vayas viendo mis
pasos, como avanzo.
Esta vez firme, a pesar de los quebrantos hechos en mi
lecho, ya intactos, aunque eternos.

Tan eterno como tu arrepentimiento, que <u>yo</u> ya no lo quiero.

Quiero, me muevo y apuesto por amores sinceros y de <u>primera</u>, porque los de segunda mano, mejor no te digo por donde me los paso.

EL RETIRO

Paseo por el retiro, día nublado; como mis
pensamientos.
Hojas mojadas; como mis ojos,
pisadas; como mi corazón cuando te veo pasar.
Todo alrededor huele a ti,
a lluvia que cae, pero no cala.
Esa barca que pasea llena de amor y se aleja.
Como tú, cuando pasas de largo y dejas rastro, pero no
huella.

SANTA PAZ

La *piedra* se ha vuelto *invisible* y
Santa paz la que me invade despúes del *temblor* que
provocó aquel tropiezo que casi me deshace.
Que bien sienta la despedida de la vida tóxica.
Que bien que repliquen *tambores de guerra* esta vez,
reanudando mi libertad.
Que bonitos mis *sueños lentos* que me llevan en
aviones veloces.
Que placer, cuando me nombro y contesto tan fuerte
que retumba el *eco*.
Contigo hice una *prueba y* me dio *error...*
Será que tu nombre ya no tiene hueco en mi interior.
El pozo donde viví, hasta se ha hecho colega, ahora en
vez de meterme dentro lo observo desde fuera y joder..
Intentaría explicarlo, pero son *asuntos delicados*.
Después del *teletransporte* que he vivido al pasado,
siento *hambre* de presente y por eso aquí me hallo,
escribiendo *arte moderno*, que puede que se quede en
aire, pero ¿*y* qué? A mí me cala hasta el *hueso*.
A veces siento *pánico* y en ocasiones hasta es
práctico... Aunque crea una *pequeña gran
revolución* en mí, porque quise ir *hacia el norte* y
acabé encontrándome en el sur, contando *historias de
vida y placer* a *los que volveremos* un día, recordando
con nostalgia, pero esta vez con alegría.

*Texto realizado con títulos
De @izalmusic*

QUIERO QUE TE QUIERAS

El piano de fondo y tus manos por encima.
Sonrisas de premisa, caricias que erizan, miradas que
afinan.
¿Cómo llevas lo de dar vida cuándo no sabes en
ocasiones ni dónde está la tuya?
¿Crees que es fácil aportar teniendo carencias?
No, no lo es. Y quizás por eso te admiro.
Porque he sentido lo que es decirme adiós e ignorar mi
partida, girar la cara y vivir otra vida que no era la mía.
Pero es que eso, no es vivir.
Déjame decirte que te quiero querer y lo haré, pero
antes de quererte, quiero que te quieras.
Quiero que te quieras y no de boca para fuera, sino de
saliva para dentro.
Quiero que te mires y te veas, aunque yo un día me vaya
y no vuelva.
Quiero que seas tú sin mí, pero quieras ser conmigo.
No sé cómo explicarte que, las <u>medias</u> naranjas, al final,
no llegan a ninguna <u>parte</u>.
A mí me gustas entero, con tus virtudes y defectos.
No quiero expectativas, no somos un juego; no quiero
promesas, solo sueños, que algún día, quizá, podamos
cumplir y si no es así, al menos habremos disfrutado
hablando de ellos.
Porque hay que vivir el momento, si es con
miedos, enfrentarnos a ellos.
Piensa en mañana y ya estarás muerto.
<u>Quiérete</u>, porque te juro que yo me quiero y por eso te
quiero.

PARA TI

No sé quién eres, ni dónde estás,
No imagino tu rostro, ni tu personalidad,
No tengo la mínima idea de tu nombre, nada de tu
identidad.

Sé que aparecerás.
Aparecerás cuando menos lo espere y estaré con los
brazos abiertos para recibir el mismo <u>amor</u> que yo tengo
para entregarte a ti.

Tampoco sé dónde nos conoceremos, si nos cruzaremos
por la calle, en una discoteca o en un bar...
No sé si me hablarás o solo me mirarás esperando a que
yo también lo haga.

Solo sé que el día que suceda sabré que eres <u>tú</u>, sabrás
que soy <u>yo</u>.

Y sin duda, acabaremos siento <u>nosotros</u>.

ME SIENTO FÉNIX, GRACIAS

Se han apagado mis ascuas, ya cualquier chispa no me prende.

Soy rama del árbol caído, humedecida por lágrimas que derrame por ti, sin merecerlas.

Pero ya no me cobijo en lo que merecieras, porque ahora sé lo que merezco yo.

Y merecí llorar por ti y así aprender a sonreír para mí, sólo por y para mí.

Y así compartir, compartir con aquellas personas que no me hacen sufrir, porque sí, porque les place, les divierte y les llena.

Tú solo viste un juego en mí, pero, tiraste el dado y salí como el tercer seis, arruinando tu suerte, provocando mi muerte, para así revivir más <u>fuerte</u> y aprender a sobrevivir, insisto por mí y por tu desgracia sin ti.

Me siento <u>libre</u>, desahogada, ahora sí me siento en llamas, capaz de quemar a aquel que se acerque con la mínima intención, de dañarme el alma.

Tuve que hundirme en el lodo, emerger y así aprender a flotar en aguas limpias.

Ahora sí, me siento fénix, capaz de atravesar cualquier cielo que me proponga.

Aún acabaré agradeciendo tu aparición, pero las gracias serán eternas por tu partida.

Porque no hay mejor lección, que un cabrón con piel de cordero. Aunque no te vi venir, te he visto marcharte y para mí, no hay mejor victoria que esa.

Atenta y eternamente, <u>GRACIAS</u>.

ADIÓS.

LEE ENTRE LÍNEAS

Sé **q**ue, cuando quieres sabes m**u**y bien quedarte.
Incluso apar**e**ntas saber es**t**ar, en situacion**e**s
jodidamente jodidas.

Pero h**o**y, te voy a pe**d**ir algo que no se te **da** demasiado
bie**n**.
Lee entre líneas, a ver si haciéndote investigar, eres
capaz de lidiar con mis deseos.

Sé **q**ue, cuando quieres sabes m**u**y bien quedarte.

NO ERES CUALQUIERA, ERES TÚ

Sé que, algún día, cuando aprendas a verte, cuando sepas tenerte en tu brazos y quererte, quererte cómo quieres al mundo.

Cuando llegue ese día sé que, se acabaran las ganas y la esperanza de esperar a quien estuvo enfrente y no supo verte; ni quiso tenerte sin poseerte; ni disfrutarte tal cual eres.

Se acabará el <u>pensar</u> en quien mirándote, no vio nada de lo que realmente eres; no sé si por falta de interés o quizá porque se acojonó al ver que, alguien sería capaz de partirse las entrañas y sentir de más, siendo consciente de que, no merecía ni la mitad.

Sé que llegará el día en que, sentirás quien te ve y quien solo te mira, por encima.

Porque tú eres digno/a de recorrer, de pecho hacia dentro y de <u>corazón</u> hacia arriba.

De andar por tu torso a caricias, que atraviesen hasta los pulmones y te corten un poquito el aire, pero de placer.

Quedarse y devolverte el oxígeno, darle vuelo a tus alas, sin cortarlas, ni tocarlas, simplemente admirando(las).

Y créeme que, llegará el día en qué llegará alguien que, sepa ver como alzas el vuelo y quiera acompañarte sin interrupción.

<u>Tú,</u> viniste al mundo con la misión de sentir y hacer sentir(nos).

Y a pesar de que lo consigues, tú aún no lo ves, ni te lo crees.

Por eso sé que, cuando llegue el día en que tu venda caiga, serán muchos los corazones que se partan, por la ignorancia de no saber aprovechar tu presencia.

Porque tú:
No <u>eres</u> oportunidades, tú eres la oportunidad.
No eres opciones, eres <u>prioridad</u>.
No eres cualquier rato, eres el rato.
Y <u>no</u> eres <u>cualquiera</u>, eres tú.

Y siendo tú, no hacen falta más razones para querer
quedarse.
Si alguien te las pide, déjalo que se marche.

¿QUÉ VES?

En las diferencias, se encuentran semejanzas.
Es por ello que te quiero y al quererte más me <u>quiero</u>.
Es la primera vez en mucho tiempo que, no ando con el
miedo pegado a la espalda, cuando me giro para
marcharme a casa, siento <u>calma</u>.
Te pienso y levito; me excito; suspiro y respiro, trago y
replanteo, veo; te <u>veo</u>, veo.

¿Qué ves?

<u>Amor.</u>

HOY LA QUE SE VA SOY YO, HASTA LUEGO

La rabia no me deja escribir.
Solo me saldría despotricarte, pero con tu partida, te llevaste también mis ganas.
Alguien que ama no abandona, alguien que quiere no ciega,
alguien que lucha no pone vendas, solo en caso de jugar a juegos de rol y acabar ganando los dos.
Abre la puerta, vete y ciérrala.
Yo no te eché, te fuiste por tu propio pie.
La decisión fue tuya, asique ahora márchate, para no volver.
Y aunque quisiera escribir llorando, ya no me queda ni líquido encefálico , me dejaste seca y no de amor, llamémoslo <u>decepción</u>.
La vida no cambia, si tú no la cambias, las circunstancias suceden y tú eliges como gestionarlas.

Y tú elegiste hacerlo sin mí.
Si no quieres nuevas etapas, no trepes a mi ventana, se encuentra entre abierta para que, entre un poco de oxígeno sin dióxido, para poder respirar sin intoxicarme, porque lo que has dejado en mí, solo es <u>ansiedad</u>.
Viniste a por todo y con todo; te has ido con todo y sin nada.
Déjame tranquila el alma, ya no está en llamas por ti.

Ahora solo me llama a mí, hasta me tapo los tímpanos porque no la quiero ni oír, por si acaso, se le ocurre hablar de ti.
Has roto todo lo que decías que te completaba.

¿Sabes? Ya no me creo nada.
Porque repito, alguien que ama, no tapa, no daña; amo

de la guadaña.
Quisiera creer que creías en mí, pero a ratos ya ni me
encuentro,

estoy perdida por ti.

Y tú, te encuentras sin mí; no entiendo nada.
Ayer me querías aquí, pero hoy me has dejado ir.

Y aun así me quedo,

aun así, te espero,

aun así, vienes y te vuelves a ir.
Se acabó, no soy (pasa) <u>tiempo</u>.
Llegué apostando para ganar y tú solo a jugar, mi pecho
no tiene precio y tú lo estás comprando.
No soy de buen provecho en esos labios que, predicaron
y no cumplieron.
Y hoy la que se va soy yo.

¡Hasta luego!

VIDA ES COMPARTIR

Tengo *marcas en la piel* y si las rozo supuran *mi verso más triste*.

Mírame bien, porque esta soy yo, con una *infancia perdida* y ya *no hay vuelta atrás*; ni la quiero, porque todo lo que me envuelve ahora, lo tengo enfrente y por delante.

Ya sé que *no me conoces* y, a decir verdad, detesto describirme, pero he de advertirte que mi niñez, aunque fue cruel, es *inamovible*, ya que, gracias a ella hoy me considero una mujer *inmortal*.

Una mujer que para dormir pasa de contar ovejas, por si *tal vez* alguna descarrila y le toca echar la vista atrás; prefiere contar *trozos de estrella* porque, aunque alguna sea fugaz, todas ellas se miran con la cabeza hacia arriba.

Ya llevo formadas varias *galaxias*, una de ellas surgió *hablando con la muerte*.

¡Y qué suerte! Que en esa encontrara mi vida; y que ironía la de sentirme *inflamable* si ya andaba flotando en la gravedad como ceniza.

Lo más profundo que te puedo contar de mí es que *odio las guerras*, sobre todo las internas, que, en ocasiones, aunque no lo quiera me provocan estar *a kilómetros de ti*.

Cuando te vi, cerré los ojos y visualicé un *plan perfecto*.

Nos vi en *París*, yo *a centímetros de ti*, mirándote mientras sonreías, como si en tu vida solo hubiesen pasado tormentas de *nube blanca*.

La mente susurrándome que *quisiera poder* decirte cuanto *me gustas cuando hablas*; si el nombre que te viste fuese concepto sería *romance*.

Quiero demostrarte que en esta vida que hoy disfruto, me sobran las ganas de sentirte a mi lado.

Mis *sentimientos*, que no dejan de hacer propuestas...

Piénsalo, *tu y yo* creando un cañón con objetivo directo a un *F-14* y que el único atentado que cometamos sea pedir esta noche *un cubata para dos*.

Y si la vida es compartir, por favor, que sea contigo.

Ojalá verte partir, libre abriendo tus alas, impulsándote a volar gritándote un *quiérete* y sin necesidad de mendigar un *vuelve junto a mí*, por tener la certeza de que lo harás, por ti.

Que, *si no estás tú*, siga estando yo, observando *en cada pared* como se dibujan estos *hilos rojos* que solo con tu aparición fueron capaces de hacer mella en este *corazón daltónico*.

Ni en una *eternidad*, hubiese creído los rudos que son para atravesar corazas.

No tardes, te espero *desconectando el corazón*, *que lo tengas presente*; aunque ya sé que no es necesario que te lo recuerde.

Y cuando estés *de vuelta a casa*, avísame, iré preparando el vino y la *ruleta rusa*, para tentar a la suerte, jugarnos las risas y acabar ganando estas *7*

vidas que se multiplican cuando caminan unidas la
tuya y la mía.

Texto realizado con títulos
De @brock_ansiolitiko

DEPENDE DE TI

Gente que va, gente que pasa.
Gente que viene, se queda y arrasa.
Arranca la carcasa con un tic tac del dedo índice, sin
esfuerzo, ni preocupación; solamente <u>sonríe</u>.
Hay que saber con quién abrir el corazón y dejar que
baile con y en él.
Y también saber ver quien solo pretende jugar con él.
Que a veces, a simple vista no sabemos que
depara, pero hay algo de premisa que, no te deja
entregarle el <u>alma</u>.
Y suena la alarma, <u>intuición</u> cada vez se equivoca
menos, me juré no ser rebuscada, pero cuanto más lo
soy, más acierto.
Juzgar de primeras no me va para nada, el ángel y el
demonio que juegan en mi espalda, han aprendido a
susurrar en la ocasión adecuada.
Supongo que, las hostias nos hicieron fuertes a
todos, igual que la flor con el viento en contra, se
tambaleó, pero volvió a su <u>firmeza</u>, sin arrancar su raíz.
Y yo me <u>siento</u> flor, porque a pesar de los vaivenes,
siempre supe de dónde vengo; a donde voy, no quiero ni
saberlo.
Después de montarme en la balanza , luchar contra el
peso de la negatividad y caer, me levanté ¡y gané!

Porque quité de un soplo lo que me hacía vencer sin
necesidad(es).
Ahora <u>comprendo</u> que la tristeza no es un modo de vida,
que los bajones existen, pero no tienen contrato de
permanencia, solo depende de ti firmar sentencia.

RECUERDO

Tú no lo sabes, pero hoy es nuestra despedida.
Ya no somos aquellos niños que, se quedaban en huesos
porque se nos derretía la piel al rozarnos.
Ya no somos aquellos adolescentes que, empezaron a
saber de qué trataba la vida, simplemente con mirarnos.
Ya no somos aquellos dos, nunca lo fuimos, ni lo hemos
sido, ni lo seremos, porque siempre fuimos 1.

Y del 1 pasamos a dos 0, unidos formando el <u>infinito</u>,
pero solo en el recuerdo.
Y en eso te has quedado.
Hoy me despido, porque ha soplado mucho viento desde
que dejaste que, la llama se consumiera.
Yo traté de mantener las ascuas vivas, pero si ellas
ardían, yo moría.

Y hoy me siento demasiado viva, como para dejarme
prender por ti.
Vienes abriendo puertas sin permiso, para después
dejar pasar al frío, mientras tú intentar vivir caliente
en unos brazos que solo te tapan, pero no abrigan.
No te culpo, no supimos vencer los obstáculos por miedo
y eso me hizo aprender a vivir con él como compañero;
hoy me ha hecho entender que, con él nunca viviré como
quiero.
Por eso debo despedirme, aunque en el fondo no sé si
quiero, pero confío en que es lo correcto.
Siempre vivimos vidas paralelas y a pesar de estar lejos,
siempre sintiéndonos demasiado cerca, pero parece que
no fue suficiente motivo de peso para arriesgar y hacerlo
real.
Así que, hasta siempre, <u>recuerdo</u>.

Porque aunque quisiera olvidarte, cuando hago el intento, intentando olvidarte, te vuelvo a recordar.

ABUELA

Quizás no tenga que deshacerme de ningún recuerdo.

Quizá es uno de esos recuerdos que, aunque crea
grietas, son las mismas que te mantienen unida y viva.
Cómo, visualizarme saltando encima de la cama
lanzándome a tus brazos, gritando que no quería que te
marcharas jamás.

Y tú, prometiéndome que nunca lo harías.
¡Y que verdad! Sabía que tú nunca me mentías, aunque
me costó confiar.
Puta mi inocencia que me hizo creer que me quisiste
engañar,
te fuiste de pronto y sin avisar.
Pero cumpliste bien con tu promesa, porque <u>sigues aquí</u>.
Tu cuerpo ausente, pero tu alma nunca dejó de estar
presente y eres como una hoja de esos robles fuertes,
perenne.
Tú, que me enseñaste el significado de las palabras
<u>protección</u>, <u>calma</u> y amor.
<u>Amor</u> del bueno, del que no se palpa y se siente.
Por ello debió mi cabreo interno y verme con el mundo
contra, al sentir tu partida y sentirme en partida y en
volandas al ver que te ibas y ya, para no volver.
Son 17 años preguntándome ¿Por qué?

Intentando esquivar recuerdos para no volver a ese
punto sin retroceso.
Quizá por tu ida, cogí fobia a las despedidas.
Por eso huyo de aferrarme a corazones, por si acaso sin
esperarlo llega su huida.
A veces in(voluntarias).
Me volví fría con los que más quería y sin querer,
porque los quiero y con el corazón ardiendo.

Me volví pañuelo, me volví loca, me volví agujero.
Pero nunca es tarde para entender que, hay personas
que por muy efímera que fuese su misión en la vida, su
presencia
SIEMPRE, SIEMPRE s(t)e sentirá eterna.
Porque lo fuiste, lo eres y lo serás.

Al menos mientras yo siga viva, en medio de esta jauría
de gente anti(sentimental).

ABUELO

A veces el oleaje se vuelve feo y cual despojo, me maneja a su antojo.

Pero siento que te tengo y me envuelve la calma, si ando con el agua el cuello y siento ahogarme, tú <u>me salvas</u>.

Sé que estás aquí, a nuestro lado, eres mi ángel de la guarda, tú nunca me has abandonado.

Tu boina y tu bastón me bailan en el viento, cada vez que hago un intento de tirarme al suelo y, cuando voy a llorar escucho <u>tu eco</u> de fondo, paro en seco porque vuelve la felicidad y mi corazón comienza a palpitar de nuevo.

Yo era tu ojo derecho, ahora sé que tú eres los míos, el guía con el que camino.

Recuerdo aquellos momentos en los que, a ver quién se atrevía a toserme y no salir con un roto o un descosido eras y eres la definición de <u>protección</u> en todos los sentidos.

Nunca me hice a la idea de despedirme, realmente nunca te he dicho adiós y la verdad, es que tampoco pienso hacerlo.

Porque <u>nunca te has ido</u>.

Si algo me regaló la vida contigo, fue hacerme entender que las despedidas, aunque dolorosas, también pueden ser bonitas.

Dos días antes, abrazada en tu regazo, donde el tiempo se paró, en aquel instante nos dio igual el paso de la aguja del reloj, que, sin saberlo, marcaba el tic tac de un <u>hasta siempre</u>.

HISTORIAS DE AMOR PROPIO

Yo te quiero, tú me hieres.

Yo te creo, tú me mientes.

Yo camino, tú me frenas.

Tú contigo, yo con pena.

Yo desorientada, tú en tu sitio.

Yo amo, tú desa(r)mas.

Tú te vas, yo me quedo.

Y al final, tú pierdes,

Y yo, <u>me quiero</u>.

REINA DE CORAZÓN(ES)

Reina de corazón(es).
Aquí, no existe la codicia, preside la justicia.
Aquí se odia a la hipocresía y se ama la <u>sinceridad</u>.
Y es que, todos te miran con buenos ojos mientras dejas
pasar por alto y tú, te escondes por lo bajo.
Pero hoy, reino yo mi <u>corazón</u>, aunque siempre lo hice
camuflada en las (ti)niebla(s).
Llevar puesta una venda alrededor, no significa ceguera
eterna,
cuando vuelves a mirar y ya ves con <u>claridad </u>y no con
caridad, te das cuenta de quien estuvo, quien ESTÁ y
quien (no) estará, (aunque si el futuro de por sí es
incierto, la sociedad lo sobrepasa cada vez más).
Aquí, hablamos de co(<u>razón</u>), guste o no.
Más vale una verdad a tiempo, que mil mentiras
marcando un tempo.
O al menos, yo lo prefiero y como es mi reino, decido yo y
quien desee habitar en él, se adapta a lo que entrar
respe(c)ta.
Aquí tampoco existe la obligación, pero sí las <u>ganas</u>, no
por pasatiempo sino, porque realmente desean pasar
<u>tiempo</u>, conmigo, tal cual soy, sin trueques, ni cambios
ni juicios, simplemente porque apetece.
Aquí, ya no se juzga sin más.
Un consejo dejo escrito:

<< En el momento que empieces a juzgar a alguien sin
saber el porqué de sus actos, aléjate. Significa que no te
has molestado en averiguar que pasa y alguien que
verdaderamente ama, mueve cielo y montañas hasta
encontrar la razón.>>

Y aún en ese proceso, que en ocasiones es bastante lento, sigue extendiendo su mano al ajeno, para aportar equilibrio y no arrebatarlo.

Reina de su corazón(es),

¿Y tú?

¿Lo eres del tuyo?

LA VIVIMOS O YA VEREMOS

A mí no me cuentes historias.
Si quieres, la creamos, la vivimos, la seguimos o la
matamos; ya veremos.
Pero, por favor, no me la cuentes, porque de lo que
escucho no creo nada y de lo que veo casi.
A mi hazme sentir y si no es así, no quiero que vengas,
no te voy a mentir, porque sintiendo es como yo me
muevo y,
estoy aquí <u>para vivir</u>, <u>no</u> para <u>fingir</u> que vivo.
A mí me revive o me mata un sentimiento, no un
acercamiento y quedarse en el intento, soy de las que
prefiere la hostia grande, al quedarme en el casi me la
pego.
Soy de arrepentirme por lo hecho, pero haberle sabido
sacar un provecho en su momento.

Porque de todo aprendo.
Soy de las que arriesgan, aún a sabiendas de que puedo
perder, pero es que perdiendo ya habré sentido ganar, al
menos una experiencia <u>más</u>.

CON ALAS ABIERTAS A LA LOCURA

A veces, pienso que hablamos *idiomas distintos*.
Yo tan blanca, tú tan tinto.
Levanta la cara y, háblame; dime que piensas, dime
que ves.
El mundo, sigue girando bajo tus pies, si quieres *ven,
ven,* porque yo no soy tu rehén.
Ponte en mi piel y, ¿dime? ¿Qué observas? ¿Qué odias?

Dime, que anhelas.
Mi odisea no te conjunta, tú *andas apagado o fuera
de cobertura*, yo voy volando, con alas abiertas a la
locura.
Deberías *pensar menos y sentir más*, deberías
valorar, quizá mirar más allá.
Brindemos por *las segundas oportunidades*, las que
te regalé en balde, *dejarse la piel* no es suficiente para
un cobarde, como tú.
Hemos creado un monstruo alimentado por tu ego, y
sus intentos de atormento no dejan de hacerme eco, pero
ya paso.
Hoy será un buen día, lleno de melancolía pero, sin ti.
Ha llegado el *momento de claridad* con total *libertad
de expresión* para mandarte <u>a la mierda</u>.
No te lamenta y, no me atormenta, tu orgullo se
alimenta de lo que <u>a mí me renta</u>.
Vo-ca-li-za mi nombre, si es que puedes.
Venga, ahora hazlo sin temblar.
El viaje empieza donde *el final del cuento de hadas*.

*Texto creado con títulos
De @el_chojin_oficial*

TANTAS COSAS QUE CREÍA NO SER

Ella fue tormenta y ahora es huracán.
Arrasa con todo lo que antes era obstáculo,
da igual si viene el vendaval, corre y

corre sin mirar atrás hasta llegar, donde quiera llegar.

Es de sonrisas llenas, aunque por dentro se sienta vacía,
de andar por la cuerda fina, aunque tiene vértigo le
encanta el riesgo y, siempre la acompaña su <u>paracaídas</u>.

Ella es de las que grita de felicidad y prefiere callar
cuando se enfada pues, ya están sus ojos para expresar
lo que siente, sin ni siquiera mediar <u>palabra</u>.

Ella es todo lo que quiera ser a pesar de creerse que no
podría ser nada; de las que salta de rabia y se encoge,
cuando la apodera una <u>emoción</u>.

Ella es lluvia y sol, nube y arcoíris; a veces tormenta,
cuando truena, pero nunca daña.
Es estación para cuando necesites su parada, pero si no
la cuidas, puede que cuando quieras llegar, ya se haya
ido.

Ella es tantas cosas que creía no ser...
Que cuando se ha descubierto a entendido que, nadie
podrá <u>vencer</u> a esa <u>heroína</u> que siempre ha llevado
dentro.
Y que lo que solo era un disfraz, ahora es <u>armadura de
verdad</u>.

TU DEMONIO DEVORÓ A MI ÁNGEL

Contigo me perdí.

Vivía con la ausencia de mi alma.
Era un cuerpo sin rumbo, una masa vacía, un corazón
descuartizado.
Contigo me perdí y, descubrí lugares a los que jamás
quiero volver.
Tu demonio, devoró a mi ángel y me encontré en un cielo
sin paz.
Contigo me perdí y, pude revelar la realidad aún sin ser.
Y la conclusión que destapé fue que, sin ti puedo vivir,
pero <u>sin mí no</u>.

LA REALIDAD

Mírame, me encuentro a *kilómetros de ti* y, la verdad que *te echo de menos.*

Déjame hablar contigo piel con piel, no quiero mediar palabra, *sólo* quiero conectar con tu *alma*, aquella que una vez me enseñó, *de dónde venimos* y *hacia dónde vamos.*

Pero *primero*, necesito estar *a centímetros de ti* mirándote a los ojos y, juntos recordar *el nacimiento* donde empezó todo esto.

Tus **puñetazos de ausencia,** hicieron que me diera la vuelta *desde la primera puerta* por la que intenté entrar.

- El miedo, me acompañó.

- Acabé *desconectando el corazón.*

Mírame por favor, *¿Dime, que ves?*

Responde lo que sientes y, *déjate de cuentos* porque a mi hoy ya solo me llena el nuestro.

No me digas que no, siempre fuimos *más que amigos, la otra mitad* escribiéndonos *cartas al futuro* que, nunca tuvo lugar.

Y ahora, aquí me hallo, escribiéndole una *carta al pasado*

de – prisión, llena de ti.

¿Cómo busco ser *feliz*?

A falta de **trozos de estrella**, que nos alumbran a distancia desde las mismas **galaxias**.

Mi verso más triste nació cuando te vi marchar y, sabía que ya no bastarían **12 lágrimas** para verte regresar.

Mi personalidad nunca volvió a ser la misma, cuando el **tren de la felicidad** se los llevó sin mirar atrás.

Y tú...

Tú estando, sin estar.

Te habla **mi otra mitad,** la que siempre te ha querido olvidar, pero es que al final, siempre vuelves y te acabas convirtiendo en **eternidad**.

Mi **primer amor** fuiste tú y no yo.

Podría llamarlo **maravilloso error**.

¿Y si nos cruzamos?

Me pregunté un día y, **respondiendo en verso** me respondí todo esto:

Ya no sé si cuando pienso en ti, en mi estómago revolotean **mariposas o monstruos**, porque es imaginarte y me acojono.

Tú no fuiste **amor a la carta** y, quizás por eso **nadie** supo ofrecerme el menú perfecto para mantener un sentimiento **infinito**.

El poema, preguntándome:

¿Qué es el amor?

Y yo respondiendo que, **tal vez tú**.

Y la realidad es que *dueles,* pero tengo el pecho tan *roto* que ya, no sé decirte cuánto.

Somos *conceptos partidos,* componiendo *arpegios* que, solo manos ajenas tocarán, sin saber hacer sonar la sintonía que *solo* tú sabías.

Quién iba a pensar que, tras catorce años y varios meses estuviésemos de nuevo *de vuelta a casa.*

Donde aprendimos a compartir miradas y alimentarnos de sonrisas con *aguaceros,* incapaces de salvarnos de aquel *fuego cruzado,* entre dos masas dispuestas a recuperar *7 vidas* en 4 días y, solo teniendo una.

Queremos y no debemos.

Porque poder, podemos, de hecho, no elegimos a quien querer, pero otra vez gana el miedo, porque si dijeses *cómo te sientes,* se iría todo lo que ahora tienes al garete.

Y como siempre, arriesgar no apetece.

Pero desde *lo más profundo* sé que, estos *hilos rojos* que nos ataron al nacer, *nadie* podrá romperlos y, nosotros, en vez de dejarlos fluir, estamos tensándolos sin soltarnos; a ver si con un golpe de suerte se rompen.

Y todo esto para decirte que, *sin ti* puedo ser, pero la realidad es, que no quiero.

Te quiero.

*Texto creado con títulos
De @brock_ansiolitiko y @lytosofficial*

CUALQUIER PIEZA

Ya no voy a pensar en quien tiene derecho a mis lágrimas, sino en quien es digno mis risas.
Mis recovecos, son muy <u>complejos</u> y, no es apto dejar la puerta abierta para que pase cualquiera.
Lugar oscuro, de recuerdos que, dejan destellos en el presente condicional en el que me encuentro.
Todo va desvaneciendo, mientras tanto, sigue yendo y viniendo gente, hay quien te merece y hay quien perece.
No busco un futuro perfecto, dicen que no existe y, aunque existiera no lo quiero.
Soy fan de los defectos, de rebuscar lo (in)<u>correcto</u> y acoplarlo a mí.
Si algo tengo claro es que, nacemos para morir, es una certeza sentenciada desde nuestro existir y, aunque siga temiendo a la muerte por haberme sentido morir viviendo, es lo que me ha hecho <u>no temer vivir</u>.
Y por eso ahora, aunque no sea de promesas, me comprometo a seguir viviendo, con mis más y mis menos.
Sabiendo elegir con quien compartir y, con quien no partir(me).
Porque igual que hay personas que te reconstruyen, hay otras tantas que te destruyen, (algunas) sin mala fe.
Pero por eso se le dio sentido a la <u>complicidad</u> y por eso no cualquier pieza del puzle puede <u>encajar</u>.

EL PODER DE PROTEGER

Ella, se creía una heroína salvavidas.

Creía tener el <u>poder</u> de proteger a los demás, de las adversidades que la vida les puede otorgar o, en ocasiones los que ellos mismos eligen.

El <u>afán de salvar</u>, la hacía perder a ella; tanto que, sus cimientos sufrían grietas difíciles de reparar después.

Pero no le preocupaba, si veía correr peligro a alguien a quien tenía cariño, siempre el <u>sálvese quien pueda</u> por bandera y si no puedes, ya te <u>salvo yo</u>.

Pero sucumbió al poder, no era consciente del peligro que corría ella, salvando a todos menos a su persona, tuvo que comprender que eso, no la hacía ni mejor, ni peor, simplemente ponerse en su lugar, el que le corresponde y con su <u>propio escudo</u>.

Aquel que, nadie pondría por ella pero que, ella se quitaba para poner a los demás.

Y entonces, comprendió que, <u>ayudar</u> no significa quitarte a ti de en medio, para poner a otros delante, significa caminar al lado, ni delante, ni detrás, a la par y <u>sin tapar(se)</u>.

BATALLAS GANADAS

Hoy me dejo de tanto cuento, tengo el corazón contento.
Hoy, le escribo a la alegría y mi musa, simplemente es el
viento.
Respiro calma en mis adentros,
pues la guerra ya marchó.
Aunque esto no indica abandonar la lucha, seguiré
luchando sin razón.

Me considero la <u>guerrera</u> de las batallas ganadas.
Derrotas siempre bailan, pero les hago un giro de cara y,
bailo yo.

Bailo por encima de cualquiera que intente venir a
pisarme.
No soy mejor que tú, ni jamás seré mejor que nadie,
sencillamente, ya no permito que nadie entre a
derrumbarme.
Mis cimientos se han vuelto estables, ya no existe
vendaval fuerte que los agriete y aparte.
Tiré los muebles viejos al contenedor del olvido y, hoy
por fin me miro y sonrío.
Y me doy la <u>enhorabuena</u>, por ganar la mejor medalla:
<u>Mirarme</u> a la cara y <u>sentir</u> que:

Ya nada falla dentro de mí.

ÁMESE QUIEN QUIERA

Contigo no pierdo solo el norte, también pierdo *mi sur*.
Una vez más, quise creer que el *déjate llevar* del corazón, me indicaría el camino a tu mar; a *este mar* donde *antes tocarte a solas*, ya me hacía volar, me hacía sentir, vivir.
Hoy más que yo, llora *el temblor*, ese que me hizo creer en ti y, que hoy tengo que *morder para sobrevivir*.
A escondidas, grito mi nombre, mi reflejo proyecta enfrente un *vuelve*, yo con valor, lo miro a los ojos y no puedo evitar vomitar de dentro las cosas que no te pude responder.
En realidad lo pienso y, es por ti por quien me hice fuerte, pero por mí es por quien vuelo firme.

Tengo sentimientos encontrados, aunque *desahuciada pero viva,* me siento con el poder de gritar *ámese quien pueda* y, quien no pueda, ni quiera, que se joda, porque <u>es un placer</u>.

Para joder, ya está la vida, que, aunque bonita, a veces daña, duele y cansa.

Nada que nos impida seguir.

Si no te quieres joder, QUIÉRETE.
Pd: *El consejero*.

Texto realizado con títulos
De @jesusdp

TE QUIERO VIVIR
Es que, él es sol en medio de la tormenta,
no se da cuenta y se lamenta constantemente, de su
puta oscuridad.
Brilla sin necesidad de llamas, ¿llamas?

¿Me llamas?

<u>Te quiero</u> llamar.
Mierda, ya no sé ni lo que digo.
Mientras escribo, pierdo los estribos, porque en mis
oídos solo retumba el sonido de tu voz; en bucle una y
otra vez...

Yo, que siempre fui de dormir en silencio, ahora en mi
memoria retumba tu puto eco; no molesta, aunque
altera a todas horas; ahora, mañana y pasado.
Y en el futuro, en el cual no pienso, pero ojalá que
retumbe(s) a mi lado.
No sé si es problema real, sentí que no me molesta, el
problema es que me tienta(s),

a escribirte y borrar(te);

que (quiero) y no debo;

que no debo y puedo;

que puedo y lo hago.
Porque hablando de <u>sentimientos,</u> no hay razonamiento.
Que la cabeza diga lo que quiera, que si el corazón dice
de coser y cantar...
Quizá es que, ***eres la aguja de mi pajar mental***; la
que tanto me costó ensartar.
Se acabó el recitar(te) a lo lejos.
Ojalá, en mi futuro imperfecto pueda visualizarme

leyéndote esto, mientras te miro a los ojos, te observo sonreír, me acerco sigilosa y te abrazo.

Esto continua, pero el final, mejor no te lo cuento y

te (lo) hago <u>vivir</u>.

¿?

La falta de ingenuidad o el exceso,
ya no sé qué pensar.
El seso, no les da para más;
conquistar es <u>plantear</u> las ganas de follar.
Pero si se tiene intención de hablar, esquivar es la
respuesta.
Pero, ¿el mundo se ha vuelto loco?

O yo <u>demasiado</u> cuerda...

MANTENER LAS ASCUAS

Esa tarde hacía frío, íbamos con ganas de guerra, pero
de acabar en <u>paz</u>.
Quedamos en el mismo lugar de siempre, él iba con su
pantalón roto y camisa a cuadros, siempre abierta.
El mirar de sus ojos y ese movimiento de labios al
hablar hacían hoguera, donde había hielo.
Nos iban a traer el menú, cuando decidió agarrarme del
muslo y susurrarme al oído que, no le apetecía ver como
mis dientes devoraban otra carne que no fuese la suya.
Sé perfectamente lo que pretende y, a mí me gusta
tentar a la <u>suerte</u>.
Ya estamos de vuelta a casa, su apetito por mi cuello y
mi desgana, lo acelera.
Él, que me llama pequeña pero me hace sentir una gran
<u>guerrera</u>.
Caminando delante y sus suspiros por detrás, me doy la
vuelta y ronronea; susurra que no puedes más.
Llegamos a <u>casa</u>.
Las paredes de papeles, debe ser por ello que siento que
nos envuelven.
Yo, que soy muy lenguaraz y, sin embargo, adoro que me
hagas callar.
Me declaro criminal de tu locura, que me ata y aun así,
me hace sentir <u>volar</u>.
Abro mis brazos, simulando las alas, esas que tú
siempre alabas, pero esta vez no me dejas alzar el
vuelo, me amarras en puño a mi espalda.
No me preocupa, sé que te gusto <u>libre</u>, solo en este
momento me quieres firme, con mis pies en tu tierra y
eso, me encanta.
Admiro esa mirada que me amansa sin templanza, que

me habla sin palabras y domina sin maldad.
Ansío tus ganas que aclaman mis llamas, incendio tu
alma y tu susurro la apaga.
Intento escapar; se ha hecho tarde, ya soy tu presa,.

Así que decido dejarme vencer, te doy el placer, esta
guerra la ganas tú, conmigo y en mí.
Jugamos con fuego y ardemos con él.
Cualquier incendio, acabaría en cenizas, pero, <u>sabemos</u>
muy bien cómo <u>mantener</u> las ascuas y después de todo,
eso es lo que más me atrapa.

SIENDO A TU LADO

Quiero que entiendas lo que siento cuando no estoy conmigo y soy contigo.

Todavía no conoces mi hogar, sin embargo, sí sabes dónde estoy.
Entiende que aun estando a tu lado, mi prioridad es <u>no perderme</u>, sino encontrarme sin parar y así ganar.
Cállate un momento, escucha; escucha lo que tengo que decirte.

Tan poco tiempo y ya son muchos buenos momentos vividos, que, al parecer para ti, ya son recuerdos grabados a fuego lento en mi pecho.
Se hallan debajo de la piel, por ello tú no los puedes ver.

 Solo pedí que no me dañaras, ya que yo no dudo en arrancarme cada centímetro de epidermis, para olvidar algo que se ancla en la basal.
Soy uno de los de antes, de los que no les gusta dejar las cosas a medias y, detesta un poco crear hábitos.

Pero tengo que decir que, ojalá mi hábito ahora, fueses tú.
Sentir esa ilusión, observando tu sonrisa dando los buenos días sin ni si quiera abrir la boca, limitándome a mirar tus ojos claros, donde podía encontrar el reflejo de mi mirada y hacer que hablara.
Esa nariz que arrugas sin querer, pensar que este día será nuestro y que únicamente existamos tu y yo en él.

Por favor, no digas nada, vistámonos piel a piel, aprovechemos la mañana, quedándonos en la cama disfrutando del silencio, que a veces dice mucho más que el ruido que nos envuelve ahí fuera.

Húndeme en un abrazo inmenso, hagamos que puedan comunicarse todos nuestros sentimientos, solo rozando nuestros cuerpos.
Todavía no quiero respuestas, en ocasiones siento que, antes de preguntar, ya las tengo en mi mano.
Lo que no sabes es que la cierro diariamente, muy fuerte, deseando que no se escapen los momentos de vida que ofreces.

Que ingenuo me siento a veces, que sigo aspirando a que vengas y seas tú quien la apriete fuerte.

Tengo un malestar que, no deja de replantearse que es lo que realmente sientes.
Pero, en el fondo, algo me dice con seguridad que, me tienes presente o eso quiero llegar a creer y, creerte.
Nunca fui de mendigar empatía, pero a ti, me gustaría pedírtela.
Hazme el favor, ponte por un instante en mi lugar, si pudieses mirarte con mis ojos, hablarte con mi voz...

Créeme, no querrías marchar.
Siente como se acelera mi corazón, cuando nota a tus pasos acercarse, la cabeza que no para de dar vueltas cuando ve que, te embarcas a otra dirección donde no me encuentro yo, y a mí aun naciéndome esa sonrisa cuando encuentro algo y aún huele a ti.
Solo necesitaría una cosa, ¿te la puedo pedir?

Es la más importante...

Te necesito, a ti.
Solo te pido, que intentes ponerte en mi lugar, porque solo así, podré seguir siendo a tu lado.

Texto aportado de: Fran López

@fran.lopezmusic
(Fue escrito en un momento muy importante para mí)

PERDER TIEMPO

Yo, fui ese tren que pasó varias veces por tus vías;
tu esperabas en el andén, pero, me dejabas marchar
cada vez que me veías.
No es culpa mía que, mi <u>corazón</u> restringiera la parada.
Pues no merezco a alguien que tenga que pensar, sino a
quien sin pensar, de un salto y se adentre a la aventura.
Di demasiadas vueltas, total para acabar anclada, en
esta cala, imaginando tu cara y, con ello, sanando mi
alma.
Solo mi interior transporta a la calma, mi pecho abierto
en canal, duele, pero <u>sana</u>.
Me tuviste demasiadas veces enfrente, supiste
mirar, pero no verme.
Yo soy de <u>miradas</u> penetrantes, de las que saben
hablarte sin decir nada y te callan.
La tuya no se acercó ni a susurrarme, dime, ¿qué haces?

No sé si sabes que, la vida no espera a nadie.
Y puesto que como un trozo de vida me siento, hoy he
venido a decirte hasta luego.

No soy quien está dispuesta a esperar, eso solo me hacer
perder el tiempo, del que a veces carezco y tú no mereces
ni un tercio.

Ya no marcas mi tempo.

PUNTOS SUSPENSIVOS

Cuando pensaba que me encontraba en un ***punto sin
retorno***,

te pido un ***deséame suerte,*** aun sabiendo que no la voy
a necesitar.
Pero me encuentro en ***estos días raros***,

en los que ***el hombre del saco*** viene a verme, con
intención de posarme frente a los ***pirómanos*** y
prenderme ***fuego***.

Pero no, no consiento que me lleve, porque el incendio
soy yo y al monstruo lo concierto en viento que me
expande.
Debe ser por ello que a ratos me siento a la ***deriva***,

aunque sincera y honestamente, sé que soy ***valiente***.
Y al ***respirar*** inhalo su ego y exhalo mi calma.
Lo que te hace grande no es tu tamaño,

aquí tratamos de hablar del alma.

Lo acabo en ***puntos suspensivos,*** porque paso de
ponerle punto y final a una historia que, terminó sin ni
si quiera empezar...

*Texto realizado con títulos
De @vetustamorla*

HE VUELTO A ENCONTRARME

He vivido <u>acorralada</u> en una guarida por mis propios demonios; conseguí matarlos y me persiguieron los fantasmas.
Quise gritar, huir, creí morir de miedo, pero antes de saltar al precipicio, cogí tanto impulso para correr que, los dejé atrás.
Sentí la necesidad de parar, ya no tenía de nada que esconderme, pero entonces una <u>soga</u> me vino a buscar; se presentó:

¡Hola! Me llamo <u>ansiedad</u>.
Mis sueños ya no existían, pues <u>insomnio</u> me acompañaba de noche y de día.
Quise tomar el camino al que algunos llaman "fácil", el de <u>luchar</u> mi día a día, despertar con lágrimas más vivas que yo y repetirme una y otra vez, que ya se pasará.
Pero no, no pasa, no cesa, no muere.

Hay sentimientos que están más vivos y presentes que nunca.
Entonces, opto por el camino de las <u>decisiones</u>, aun sin tener decisión propia, aun sin saber qué es lo que realmente me pasa, que es lo que realmente <u>quiero</u> y <u>necesito</u>.
Ninguna compañía <u>calma</u>, muchas manos y ninguna mano acompaña, ningunas palabras arropan, incluso hay personas que abandonan.
Fue <u>difícil</u>, pero aquí me hallo, <u>feliz</u>, sin miedo y sin escusas.
Sintiendo haber tomado la mejor decisión de mi vida, sin ni si quiera saber que quería.
Volvieron a salir los demonios, con ellos también los fantasmas, ansiedad e insomnio pero, esta vez, fui yo

quien acorraló, quien mató, quien ahogó y quien
despertó.
Y todo es de otro color.
Mi mirada es azul y alegre, mi sonrisa habla por sí
sola, mis actos decididos con precisión, me levantan
cada día con muecas en la cara y mi actitud...

¿Qué decir de mi actitud?

<u>He vuelto a encontrarme</u>.

Y este podría ser el resumen de todo, en ocasiones,
sobran las explicaciones, no hacen falta detalles.

NECESARIO DETENERSE

Yo, que siempre fui cobarde para enfrentarme a la calle,
que siempre hui de las miradas, por miedo al <u>rechazo</u>.
Yo, que viví escondida media parte de mi vida, hoy salgo
a la calle, con orgullo y alegría, de ser quien soy.
He pasado más de media vida, buscando la aceptación
de mi alrededor.

Per, ¿quién me iba a aceptar de forma real?

¿Si la primera en rechazarme era yo?
No supe verme de frente sin <u>juzgarme</u>, solo me
observaba de reojo si no quedaba otra opción y si podía
evitarlo, ni lo hacía.
No existía suficiente valentía en mis adentros, para
volar en contra del viento que, me llevaba en dirección
contraria de donde realmente quería llegar.
Y así pasó, que tenía mis ojos fijados en objetivos ajenos,
abandoné la decisión propia y avanzaba a través, de la
opinión de los demás.

Y me <u>perdí</u>.
Y tuve que <u>parar</u>.
Hay quien dice, que no se puede parar, que hay que
seguir y no les quito la razón, pero a veces es <u>necesario</u>
detenerse.
Detenerse y observarse,
Y preguntarse y responderse,
Y conocerse y aceptarse,
Y *quererse*....
Quererse por encima de todo y de todos, hacerse
invencible frente al mundo, porque nunca sabes quién
puede venir a dañar o sanar; ofrecer o quitar; aparecer o
marchar sin más.

Se necesitan corazas, aunque digamos que no, se necesitan.
Se necesitan porque vivimos en un mundo hipócrita, donde quien te sonríe lleva el puñal en la nuca y en ocasiones quien mira serio, muere por hacerte <u>sonreír</u>.
Las corazas se necesitan y, no es tan negativo como lo vemos, simplemente es saber, más que saber, sentir.

Sentir con quien puedes apartarla y con quien dejarla permanente.
Es una forma de protegernos, de no dejar que te rompan por dentro.
La dificultad está en no ponérsela a todo el mundo por bandera y saber apartarla cuando alguien te haga sentir (cada cual su manera), que es real que quiere entrar, estar, <u>aportar</u>, sanar y <u>amar</u>.

NO ERES TÚ, SOY YO

Que no eres tú, soy yo.
Soy yo, la que no está dispuesta a quedarse con menos,

teniendo de <u>más</u>.
Soy yo, la que no se conforma con media sonrisa y una
mirada de reojo, porque merezco las risas de una noche
eterna en el recuerdo, aunque efímera en el momento y
una mirada cara a cara que me deje sin aliento.
Soy yo, la que no sabe escribir con bolis a media tinta y,
a quien le gusta escribir en hojas nuevas porque, no me
llenan los trozos rotos.
Soy yo, la que te invita a salir antes de que des un
portazo, sin decir adiós, es cierto que, no me gustan las
despedidas, pero si las personas con <u>valor</u>.
Soy yo, la que no vino al mundo a vivir a medias, me
encanta dejarme la piel en cada piedra con la que
tropiezo, levantarme y seguir.

Seguir caminando y sanar, porque vivir en la herida me
mata y por suerte para mí, sigo demasiado viva.
Y soy yo, la que tiene cojones a decidir por los dos, que
algo que empezó sin principio, jamás tendrá un final.
Hasta siempre.

INTENCIONES

Me encontraste rota, tú hiciste el amago de volver a
unirme.
Te encontré derrumbado y, prometo que solo quería
ayudar a reconstruirte.
Pero solo se quedaron en intenciones, no dejamos lugar
para los intentos.
Quizá hubiese arriesgado de nuevo mi <u>ilusión</u>, esa que
desvaneció y revivió con tu sonrisa, que indicaba a verte
caminar conmigo sin prisa.
Hubiese esperado, merecía la pena si la espera era
sentada a tu lado, escuchando esos llantos que
necesitabas sacar; te aseguro que un <u>abrazo</u>, hubiese
calmado toda esa ansiedad.
Pero ya no, ya no estás.
Bastaron 4 días, unas horas y mis besos para rendirte.
Nos hemos convertido en cobardes, por culpa de
valientes que lucharon para <u>ganar</u> y perder(nos).
Y aquí, nos encontramos nosotros,

Dándole el gusto al resto, de vernos
perdidos y perdiendo.

MERCADO DE TRUEQUE

Nos hemos vuelto de usar y tirar.
Somos un mercado de trueque.

Aquí vale todo o nada, menos saber que existe dentro de
cada pecho y cada corazón.
Andamos hechos pedazos, por golpes que dañaron
órganos difíciles de recomponer, pero en vez de ir a
repararlos, esperamos sentados a ver si viene alguien,
con ganas de reconstruir(nos)lo.
Pero la verdad, es que nadie debe, ni tiene, la
responsabilidad de arreglar pechos ajenos.
Vivimos en la espera de...
Ya llegará;
Sé que aparecerá;
Cuando menos lo espere, aquí estará...
Pero, ¿Y tú?

¿Dónde estás?
La espera, no es digna de nadie, tu esperas, el tiempo se
escapa y nadie viene, nadie vuelve, porque quien quiere
estar no se va, está y se queda, por voluntad propia.
Debemos aprender a aceptar las despedidas, son duelos
que nos prepara la vida de camino a ser un buen
guerrero, frente a cualquier guerra que se nos tope de
frente.
Tendemos a querer morir, cuando vemos marchar a
alguien por su propio pie y sin porqués.

Cuando lo verdaderamente doloroso, es cuando alguien
marcha sin querer.
No es que vivamos en una era difícil, es que, lo
complicamos nosotros porque sí, porque así parece que
resulte más efectivo, más arriesgado, incluso más
divertido.

Y eso, desgasta.
Que no se trata de facilidad o dificultad, que <u>no somos
un reto</u>.
No somos fichas de parchís, saltando de oca en
oca, somos personas, con sentimientos y con mucho que
ofrecer.
El verdadero problema es, que ya nadie ofrece su alma y
por lo tanto nadie se atreve abrirla para descubrir que
se halla ahí dentro.
Podría tirarme horas y horas escribiendo sobre esto, y
no acabaría jamás.

Me siento indignada, rabiosa y apenada.
Por favor, dejad de intercambiar cuerpos y utilizar un
poco más el alma.
Ojalá, desaparezca el <u>miedo a sentir</u>.
Solo hay dos opciones:
<<Sentir y vivir>>

o

No sentir y morir viviendo.

¿Y tú?

¿Con cuál te quedas?

LA VUELTA ES INDISPENSABLE

Escucha al corazón, él nunca te va a mentir.
Te tienes a ti y hoy, va todo *mejor que ayer.*
Resiliencia es tu poder, *inevitable* es perder, pero
podremos vencer.
Días grises siempre existen, pero no es *eterno* ese
color, *abre los ojos* y mira a tu alrededor.
Cuando un amor se va, no siempre perdemos, porque
en ocasiones, aunque duela, solo así es como
recuperamos nuestro puesto.
A la de tres, pasamos *de cien a cero*, solo una
advertencia, no elijas *mente o corazón*, esto debe ser
una historia de dos.
Inspira y *vete pero no te marches* que a veces
alejarse es bueno, pero la vuelta es indispensable.
Detrás de todos te tienes a ti, nunca es tarde para
desatar *cadenas* que, te atan a una vida de condena
perpetua en el ayer.

Buenos días princesa, levanta que aún *no es tarde.*
Tenemos una *asignatura pendiente*,
ven que te la enseñe, el libro se llama QUERERSE.
El examen, *PD: Te quiero*

El aprobado es sencillo.

Solo necesitas mirarte, sentir y gritarlo.

 PD: me quiero.

*Texto realizado con títulos
de @rafaespino*

(BI)SENSACIÓN

Supongo, que los que escriben lo sentirán como yo.
Vomitar el contenido que nos remueve, significa llenarse
de sentido.
Supongo que quien lo siente, no requiere de ningún tipo
de esfuerzo para hacerlo.

(Esta sensación esa algo parecida a cuando un alimento
te cae mal en el estómago y, el cuerpo lo quiera expulsar
sin nada, ni nadie que lo impida).

Lo que se siente nace, sin ningún tipo de provocación,
inspiración no visita siempre, pero suele quedar perenne
en el corazón de un escritor.
Esa sensación de acabar y sentirte vacío pero lleno a la
vez, que te revienta el pecho y te reconstruye el alma

Y después la bendita sensación inexplicable, de respirar
profundo y en paz.
Como si te hubieses quitado una red que atrapaba e
impedía, la llegada del oxígeno a tus pulmones.
No hay mejor sensación que sentir librar una guerra,
escribiéndola.
Yo no creo poesía, alomejor, ni prosa, ni verso y quizás,
en muchas ocasiones no sabría describir, ni ponerles un
nombre a mis textos, pero, todos de apellido llevan

<<(BI)SENSACIÓN>>

ABRÁZATE

Abrázate.
Abrázate, no habrá otros brazos que te hagan sentir más en casa que los tuyos.
Abrázate, porque cuando dependes de brazos ajenos para protegerte, casi siempre te atropellan las adversidades.
Abrázate, abrázate <u>fuerte,</u> porque pocos habrá que lo hagan al cien por cien, sin intención de dañar y sí de <u>recomponer</u>.

Abrázate y, crea lazos irrompibles entre tu yo del pasado y el de tu presente.
Tú, abrázate, que quien quiera hacerlo de una manera certera, posará sus brazos encima de los tuyos, sin querer que tú te sueltes, para así, amarrarte.

FAMA

Yo no busco la fama, solo busco la forma de deshacer el nudo de esta soga que me ata y a veces, creo sentir que mata.
No busco en absoluto crecer con "likes", ya que, el único "me gusta" que necesito para sentirme grande es el mío; por suerte hace tiempo que lo tengo, lo retengo y por nada, ni nadie lo suelto.

Yo escribo, comparto y expreso por gozo propio, no por ajeno y por eso creo que se nota y transmite en mis textos.
No escribo para contentar corazones de otros, escribo para sanar el mío, abrir el pecho en canal, rozar la herida, si es necesario rascar (aunque esto duela) y así, curar y cerrar.
Si con ello hago a disfrutar e incluso puedo ayudar al resto, si soy capaz de transmitir un poquito de lo que llevo dentro, perfecto, realmente me alegro y agradezco, a cada persona que invierte su tiempo en leer una pequeña parte de mí.
Ya que, hoy en día pocas personas invierten parte de su tiempo en leer, investigar o conocer parte de alguien el cual no ha visto su cara en portadas, televisión o no ha salido en ningún "reality show".

Pero es que esto precisamente es lo contrario, esto es <u>REAL</u> sin show.
Y esta soy yo, abriendo las compuertas del dolor y sanando el alma al natural.
Por eso estaré eternamente <u>agradecida</u> a quien dedica unos minutos de su día para leerme a mi e incluso, poder llegar a sentirme.
Mi pretensión no es gustar, si es que tengo alguna intención es transmitir.

Primordialmente comparto por y para mí.
Y aunque no llegase a nadie, a mí sí me vale.

Así que, si estás aquí, GRACIAS.

A TI, PALABRA

Me gusta pensarte, plasmarte y tentarte.
Me gusta expresarte, llorarte y reírte.
Te vomito y te sello, porque tragándote nunca llegué
lejos.
Te siento y me encantas; me aportas esas ganas que en
ocasiones faltan.

A veces te convierto en muerte, pero tú solo me das vida
y lo que te hace vivir, jamás muere dentro de ti.
Por momentos te odio, pero aun así te quiero.
Prefiero que te quedes aquí, susurrándome y que no me
cambies por el viento.
Quizás, con él llegues más lejos, pero yo te prometo y te
otorgo el significado de sentir; en realidad, no sé
tratarte de otro modo.
Yo que no soy de jurar, te juro mi fidelidad, me pongo a
pensar y tú nunca me has fallado.
De vez en cuando, juegas a esconderte por miedo al
rechazo, pero juntas hemos crecido y aprendido que
entre nosotras, somos regazo y que, no habrá persona, ni
vendaval que tenga capacidad de romper este lazo.
Desde que pienso, te pienso.
Desde que siento, te siento.
Desde que recuerdo, te escribo.
Desde que la hipocresía se ha vuelto algo normal, todos
te valoran más pero, yo me quedo con los que siempre te
sintieron dentro y nunca te dejaron escapar.
Gracias palabra, por darme una etapa más, de compañía
y sinceridad.
De abrir heridas para rascar y sanar.
Y aunque a veces duelas, quedarte.

LO SIENTO, BUENAS NOCHES

Antes de partir, aún quedan cosas que decir.
Tu *vida rota,* no le quitará el derecho a la mía.
He mordido *la manzana* de tu veneno, cada mañana
mientras *se acerca el invierno*, pero no, ya no, has
conseguido que se esfumara el apetito.
Tú lo saciaste pero, de vacío.
Tengo que decirte que, *volverá a llover* pero, no serás
tú a quien le conceda el *último baile* bajo esta lluvia.
Me encuentro *libre* en *el andén*, esperando al *tren de
vuelta a casa* y siento que tengas que enterarte así de
que *volaré*,
esta vez sin ti, con mis alas rotas, pero lo
suficientemente fuertes para alejarme de aquí.
Solo te voy a pedir algo; *si nos cruzamos, camina*
porque tengo la certeza de que ahora, es cuando *me irá
bien*, es lo que me remueve *por dentro,* que mi vida, es
mi suerte y que tú, solo jugaste a ver si por azar, la
arrebatabas.

Soy mucho más fuerte de lo que creíste ver.
He sido tu *último pasajero* y la verdad, siento saber
que me echarás de menos, *lo siento.*

Buenas noches.

*Texto realizado con títulos
De @ambkoroficial*

VOLVER PARA QUEDARSE

Noches que no existen, porque no llegan.
Insomnio llama a tu puerta, te hace compañía en vela.
Y aún sigues soñando despierta recogiendo(te) los
pedazos que alguien se tomó la <u>libertad</u>, de crear un
tiempo atrás.
Aparece de nuevo la luz, un nuevo amanecer, aunque en
ti no existe la noche y el día.
Y empiezas a contar unas horas más de tu vida;
preguntándote que cojones le pasa a tu cabeza, que no
se habla con el <u>corazón</u>.
Y el corazón, que a veces siente sin razón y, esa es la
razón porque la que existe el amor.
Lo jodido es sentir que no es recíproco, acabar nos
anclados a preguntas, que no van cogidas de respuestas.
Aquí cada uno va a su bola y tú sin parar de dar vueltas;
en bucle, en bucle, en bucle, una y otra vez, otro día
más, donde la <u>claridad</u> es efímera y la oscuridad eterna.
Buscas el gris, ni si quiera lo encuentras.
La paleta de colores, debiste ponerla en venta cuando te
ofreciste a dar todo, sin haber recibido nada.
Y, es cierto que quien lo siente entrega sin esperar
recibir, pero igual de certero es, que este acto desgasta y
acaba arrebata las <u>ganas</u>.
Te sientes cigarro, consumiéndote y exhalado humo.
Y acabas en cenizas, tirada en cualquier
lugar, dejándote llevar por el viento que sopla sin
dirección a ningún lugar.
Y te vas y, no quieres.
Y te vas y, te pierdes.
Y te vas pero, vuelves.
Y vuelves y, te encuentras.
Y vuelves y, te piensas.

Y vuelves y, te quedas.
Huir, en ocasiones está bien, pero, volver está mejor.
<<Y <u>volver</u> para quedarse>>

No tiene adjetivación.

COMO CUALQUIER HISTORIA

Tengo los sesos reventados, el estómago revuelto y el corazón desencajado, por no parar de dar vueltas y vueltas en un <u>bucle</u> de fango.

Intento levantarme y, voy y me caigo.
El hemisferio izquierdo <u>desequilibrado</u>, será por eso que me cuesta articular palabras, cuando de expresar alegría se trata.
Acostumbrada a vivir en la <u>oscuridad</u>, cualquier rayo de luz me ciega y, parece que en vez de dejar los ojos abiertos, para ir paliando la impresión, me pongo las manos delante.
No se trata de huir de la felicidad, pero al final parece que solo sepamos convivir de la mano con lo que siempre en mayor o menor medida se queda.
Hola, <u>tristeza</u>.
Parece que inspiración solo aparece en el hoyo y el desamor.
Y al escribir de alegría, se rompe la punta del bolígrafo.
Siempre vistiendo de sonrisas, siendo dentro mar de lágrimas, que a veces limpian y desintoxican, pero suelen manejarte a la deriva.
Estoy hasta los cojones de vivir en la <u>inseguridad</u> y morir de miedo, al recibir lo que merezco.
Vivir siempre en batalla, cansa.
En mi masa <u>no existe desistir</u>.
Y al final mi cabeza se desgasta.
Quizá, podría vivir solo con el corazón, pero al final, como cualquier historia, esto es cosa de dos.

AGRADECIDA Y TODO

Cojo papel y boli.

Me pongo los cascos, suena "Nuvole Bianche".

No quiero pensar, no me apetece y me lo permito.

Necesito dejarme llevar, miento si digo que no tengo <u>miedo</u> a lo que pueda salir de aquí.

Es cierto que, hace un tiempo me siento en paz, lo único que me mantiene en pie es que hoy, la calma, es la única que llama y llena mi alma.

Todo lo que sea <u>revolución</u> aquí dentro, está de más.

Muchas heridas ya han cicatrizado, menos alguna que queda entreabierta y se me sigue yendo de las manos.

Cuando me despisto, tu recuerdo, sigue haciendo estragos.

Y ya no sé cómo sacarte y echarte de mis recovecos, ocupas lugares en vano, aunque, a decir verdad, dentro de mí ya eres <u>liviano</u>.

Pero sigues estando y, hace tiempo que me prometí hacer limpieza a fondo, de esas que purifican, pero, sigo siendo incapaz de arrancar esa pelusa, que lleva tu nombre.

He dejado de intentar desprenderme y he intentado comprender que quizá, has de estar <u>presente</u>.

Hace tiempo, dejé de buscar explicación a todo y creo que esto, es una de esas preguntas que no tiene una respuesta.

Siento que esto está haciendo efecto, que estoy <u>sanando</u>, siento el pecho más cerrado cada vez que te vomito a fascículos y voy añadiendo puntos de sutura, que, aunque dejen cicatriz, cierran la <u>herida</u>.

Prometo que, aunque te quedes, no serás motivo de mis desprendimientos.

Aunque sé que, aun estando <u>desvanecido</u>, siempre acabarás apareciendo, intentando joder, ya que, cada uno tenemos una función en vidas ajenas y tú, demuestras que para eso viniste al mundo.

Pero dentro de mí no habrá arrepentimiento por tenerte aquí, al final me hiciste vivir y con ello <u>aprender</u>, a día de hoy solo tengo agradecimiento, por haber creado la herida más profunda, por haberme llevado a lo más hondo y ahora verme <u>revivir</u> con una fortaleza infinita, muy cerca de mí y muy, muy lejos de ti.

Aunque nunca estuviste tan cerca como creí, era demasiada mujer para ti, ahora entiendo porque todo temblaba y se tambaleaba entre nosotros.

Tus brazos no podían abarcar mi corazón de plomo.

Sí, lo tuve que poner a prueba de balas, no dejabas de disparar, aunque no atravesaste como realmente querías.

Pero yo ahora, sí sé lo que <u>(me) quiero</u> y lo que (a ti) no.

Así que, bueno, <u>gracias</u> y adiós.

PRESA Y CAZA

Cansada de tanto tonto, escribiendo con la mente en
blanco.
Déjame recitarte en braille, porque la punta de la pluma
de la rabia se me parte.
Harta, de ver como presumen de arte y creen
diferenciarse, pero de tanto alarde se igualan al
desmadre y al final, tanta fama los hace arder.
La conveniencia de bandera, te dan la mano a la
primera y cuando giras la cabeza, su fuga, es la que está
a la vuelta.
Esto me enrabieta, no me deja quieta, ni a mí, ni a mi
<u>cabeza</u> que, no deja de dar vueltas.

Tengo una <u>certeza</u>, que además, todo el mundo sabe.
Y es que, todo lo que sube baja.
Yo he estado aquí para amortiguarte, eres de los que
sabe que si subes demasiado la cabeza, puedes dañarte,
pero es que a la bajada, la hostia aún será más grande.
Y la sorpresa será que mi mano, ya no estará para
aguantarte.
Yo tengo <u>paciencia </u>y puedo ser pañuelo cuando quiero y
considero, pero si me usas y me tiras, no esperes mi
regreso.
Que yo, me parto los sesos, por quien gusto y siento,
pero si te aprovechas…

¡Cuidado!

Estate al acecho, porque a pesar de ser presa, también
sé

cazar al vuelo.

PIENSA

Hay algo que últimamente me consume.

Y es, seguir viendo como nos tratamos, similares a simples objetos.

Aquí ya solo existen los extremos, se perdieron los puntos medios, el balance entre lealtad y honestidad.

Solo existen el principio y final, en medio ya no se crean, ni suceden historias dignas de contar.

Suele comenzar con efusividad, todo va en orden y, ¡qué genial!, qué paz saber que aún existen personas que, aun viendo tu caos se quedan haciendo compañía al desorden; no es que te ordenen, pero parece que reconfortan y aportan.

Y cuando quieres darte cuenta de lo realmente feliz que eres, mirando quien te rodea, acaba siendo un timo, una vez más.

Cuando seré consciente de que aquí ya solo mueve la conveniencia, que no quedan almas obsoletas, limpias y puras.

Que yo no me considero un ángel caído, pero intento no ser demonio con quien me ofreció el cielo, cuando no quería pisar la tierra.

Somos como aquel trapo, con el que se limpia el polvo de aquel juguete, que se compra ilusionado y cuando te cansas, lo dejas en el trastero apartado, guardado en una caja, por si acaso otro día te vuelve a apetecer usarlo.

Sé que mi desazón no soluciona nada, que, en ocasiones, ni si quiera alivia mi decepción, al ver que somos bombas de detonación.

Que vamos de mal en peor.

Parece que ya nadie recuerda sus principios, todo va por instintos, muchas veces fallidos y así pasa, acabamos malheridos.

Me cansa ser desconfiada, no es que quiera serlo, es que no me dejan que no lo sea.

Porque antes de acercar la mano a la llama, ya tengo la yema en carne viva, sin tan si quiera haberla puesto encima.

A veces, me repugna rodearme de esta sociedad que ha pasado directamente a pudrirse, sin pasar la fase de maduración.

Vomito en un papel, lo que quisiera hacer en la cara de muchos.

Criticarme si queréis, doy la cara, la espalda la tengo cubierta, cumplo mi palabra, no soy la perfección y jamás querré serlo, no la conozco y tampoco quiero conoceros.

Nos juzgamos siendo pasajeros que suben y bajan, porque al final nadie se queda y, ¿sabéis que pasa?

Que son los primeros en mirarse a la cara y no se aguantan ni su propia mirada.

No se tragan, odian ser como son, pero no cambian, eso conlleva un esfuerzo y aquí no hay esfuerzos que valgan, es la moda, sigo en la mierda porque me da la gana.

Que le den por culo a mis valores, no me hacen falta para nada.

¡Perfecto!

Gírale la cara a quien te ayudo a tejer de nuevo tus alas, a quien te prestó su ayuda para que volvieras a alzar tu vuelo y posarte en esa rama donde ahora te hayas.

Luego lloramos, porque cuando necesitamos una mano…

¡Hola, soledad me llamo!

Cuida a quien estuvo contigo en las malas, porque en las buenos estamos todos con gusto.

Cierra los ojos y piensa, piensa quien estuvo en el agujero siendo linterna, hasta en los días que no tenía energía.

¡Piensa, piensa!

Porque seguro que le has girado la cara a alguien que no debías, se la pones a quien te desvaloriza y luego, vienen las madres mías.

(Me gustaría que, si has pensado en alguien, escribieses en esta página su nombre y pensaras en que le dirías.

Si te da miedo, pero sientes la necesidad de que esa persona sepa cómo te sientes, DÍSELO.

Solo por el hecho de haber sido capaz de hacerlo, ya habrás ganado de nuevo tu valor).

EL ÚLTIMO TREN

Aquí estoy, en **la cabaña del árbol** mirándome a la cara en el reflejo, haciéndome **terapia personal.**

Lo que representa la **última foto** que pude observar de mí, era el **mosaico** de una **vida rota.**

Tú, fuiste **el primero** en enseñarme de que trataba **el juego de tu vida** y así acabé yo, cuál **juguete roto.**

Mordí **la manzana** cada día, contigo cree **mi propio desastre**, **por dentro** soy toda **retales,** pero **lo siento,** ahora ya es tarde para que vengas a intentar comprarme con tus palabras banales, **hoy es un día para sonreír** y tú, no encajas en esta escena de mi obra.

Quiero sentirme **libre**, libre de ti, **ninguna causa vale tanto** como perderme a mí por creer sentir, que **no puedo vivir sin ti.**

No quería escribirte, la verdad que **no te lo mereces,** pero **ya no tengo miedo** a recordar esta **historia,** a la que le otorgo el título de **el último pasajero.**

Este **amor adolescente** fue **mi suerte,** aunque dolió, me abrió los ojos, los tímpanos y el corazón, que desesperado me gritó **hazte fuerte,** nunca **agaches la cabeza, vuelve** y esta vez que, para quedarte, por favor.

Ya sé, que esto no es **nada original,** pero si real.

Te fuiste y **tras la ventana** a cada paso que dabas, pude observar y sentir como venía hacia mí, el **tren de vuelta a casa.**

¡Orgullosa de mi!

Al fin me siento **el piloto** que maneja este vuelo, mi vuelo; aún con el **corazón de ceniza** me sigo sintiendo la Diosa **Afrodita.**

Después de todo, me tengo a mí, ¿qué más puedo pedir?

Fuiste **cárcel de oro,** pero entre tus brazos me ahogaba más que en un pozo sin fondo, cuantas veces te imploré **déjame ser** y contestabas **cállate.**

Cada noche **como un niño** con inocencia, aunque con certeza, soñaba con que **habrá un lugar mejor**, donde los **diablos con sotana** se extingan y el **descanso eterno** se pueda sentir en plena vida.

Ha llegado otro día.

Buenos días princesa de la calle, salió **la luz,** tú **camina** y **llévame contigo** que ahí fuera te espera la libertad; me gritaba con énfasis yo misma en el espejo.

Me ira bien, siempre odié las **putas despedidas**, hasta que tuve que despedirme de ti.

Tú me enseñaste que **un año bajo la lluvia** te puede hacer rica en lo que a sentimientos se refiere, y sí, ya ni tengo, ni siento **miedo.**

Gracias, por venir y quedarte, pero sobre todo gracias por marcharte.

Volaré y aunque **volverá a llover**, yo sola, **volveré a nacer.**

Ahora sé y siento que me quiero.

*Texto realizado con títulos de
@ambkoroficial*

DICCIONARIO

Me tienes en continuo éxtasis,
Provocando mi catarsis.
Alimentando mi hipotálamo,
Desvaneciendo la decepción.
Te dicen serendipia.
Ojalá, yo te acabe llamando amor.

TROZOS DE VIDA

Personas que son trozos de vida, de esa que a veces
piensas que te falta o que alguno/a matan o lo intentan.
Trozos de vida que te <u>salvan</u>; te miran, te hablan y
arrasan con todo el mal, transformándolo en calma.
Personas que avivan, alimentan tu sonrisa, respetan tu
desidia y <u>empoderan</u> tu bienestar.
Trozos de vida que solo unos pocos tenemos la <u>suerte</u> de
encontrar, valorar y cuidar.
Quizás por eso me siento tan viva.
Ellos pasan desapercibidos, a veces no son bienvenidos
en esta jauría en la que vivimos, donde vale más un
chisme que una certeza, donde las formas se pierden
confundiendo <u>sinceridad</u>, con ataque directo a donde
más duele.
Cuando quieres, no hieres, <u>proteges</u> y evitas, encubres y
cubres, <u>abrazas</u> y erizas.
No se trata de saber querer mucho (cantidad), se trata
de saber querer bien (calidad), y esto, por desgracia, no
tiene clases ni en la calle, ni en la escuela, solo se es
capaz cuando te permites sentir, con <u>pureza</u>, cada
sensación que aparezca.

ERES

Eres, <u>fuerza</u> en días de flojedad.
Eres, pilar entre escombros.
Eres, <u>oxígeno</u> entre dióxido.
Eres, amor entre el odio.
Eres tantas cosas que tú nunca creíste ser y
seremos todo aquello que anhelemos ser.
Juntos, no hay guerra existente que nos pueda vencer.
Llegaste con <u>calma</u>, permaneces como revolución.
Aunque a veces me saques de mis casillas, sabes llegar
en el momento exacto para encajarme de nuevo a la
perfección.
Y enchufas el motor:
"Llora si lo necesitas, pero no permitiré que en medio de
lágrimas no haya una sola sonrisa"

Parece que es el lema que tu llevas de premisa.
Eres, <u>brisa</u> en días de asfixia, la ola que arrebata mi
mar en calma cuando necesito una <u>recarga</u>, la nube
blanca, entre las grises que indican tormenta, el
paraguas en la lluvia, aunque mi rabia, en ocasiones, te
lo arranque de las manos.
Eres, vida en medio de la muerte, <u>luz</u> en la oscuridad, el
bien de todos los males que me puedan rodear.

Eres, de hacer la guerra, porque nos aburre estar en
paz.
Eres una lista, que, en toda esta <u>vida</u>, no podría acabar.
Por eso, mi fortuna de tenerte y detenerte
infinitamente.

*Un día, alguien demasiado <u>BONICO,</u> (a veces sobre pasa
límites), apareció en mi vida para cambiarla.*

Y entre millones de cosas, él es inspiración.

Te quiero, Fran*.*

PD: tu bonica.

96

LA PELÍCULA A TU MANERA

Tú me soltaste, no hice por resistirme, al final estaba
más suelta de lo que creíste.
Te inventaste una versión de mí, para creerte una mejor
versión de ti, pero déjame decirte que la vida, no
funciona así.
Hay que vivir una realidad, a veces cruel, darse cuenta
de los problemas es <u>primordial</u>.

No soportabas hablar de madurez, ahora entiendo por
qué; te faltaban unos cuantos esc(años) para llegar a
ella.
La envidia, si no es sana, mata, como tu sinceridad, que
eran balas en vez de <u>caricias</u>.

Ahora me vas a permitir a mí, ser directa, tú no es que
no sepas querer, es que ni lo intentas.
No me importa ser la mala para ti, si al final eres el
único espectador que mira la película a su manera,
dándole la vuelta.
No me siento perdedora, porque ya supe entender, que
en ocasiones, cuando alguien se va, te hace ganar y así
me siento,
en el pódium de un orgullo propio que no lo cambia una
opinión ajena.
Soy más fuerte de lo que pensaste y eso es lo que te llevó
a soltarme, otra realidad que nunca admitirás, por
cobarde.
Mis lágrimas nunca fueron de <u>atención</u>, mi realidad es
que no carezco de ella y esto es una certeza, ya que me
rodeo de personas con corazón, no de conveniencia.
Soportan las verdades y no se toman mis <u>consejos</u> como
palabras banales, admiran mis logros y no intentan
siempre estar por encima de ellos, aunque no me lo

digan, sé que <u>admiran</u> mi sonrisa, si algún día no aparece, se encargan de invocarla y siempre disfrutan conmigo la felicidad.

Cuando lloro, <u>no</u> me <u>juzgan</u>, me prestan un hombro donde me pueda desahogar.

Y esta, es la cruel <u>realidad</u>.

No es lo mismo estar solo por necesidad, que estar solo porque nadie tiene la necesidad, ni capacidad de aguantar(te).

<u>Suerte</u>, la necesitas.

TERCER SEIS

No dejabas de disparar, no hubo bala que no rebotase, al final, mi seguridad era más de la que imaginaste y no, no bajé la guardia para darte el <u>placer</u>, de sentirte bien.
Alguien que te quiere no te destruye, ni si quiera lo intenta, alguien que te quiere te tiene en cuenta, te <u>suma</u>, nunca te resta, multiplica y no divide y mucho menos, intenta hundirte.
Pero que desgracia, para ti, fui como un tercer seis y te tocó repetir la tirada, con la <u>suerte</u> de perderme.
Es el riesgo que se corre al jugar partidas al azar y no jugar en serio, con un objetivo que alcanzar.

PAREN EL MUNDO

Cobijada en sus propios abrazos furtivos, dañinos,
acurrucada en suspiros malignos, salidos de sus propios
sentidos.
Odio en sus ojos, rabia al mirar(se), no en un espejo,
sino a través del cristal carnal, que separa una carcasa
de un corazón.
Un corazón, que siente y desciende, porque ataca más
que <u>comprende</u>.
Cansada de mirar al pasado, recordando los años de
daños pisados, aunque a veces, todavía siguen en pie.
Fue más fuerte que todo aquello que, la hacía ver la vida
del revés.
Fue más <u>valiente</u> que todo aquello que, sintió eterno y
que ahora, tan solo es un recuerdo efímero.
Y esto, la hizo crecer, crear y creer.
Sacó sus brazos del saco roto, donde siempre creyó estar
<u>segura</u> y en realidad, solo pasaba torturas.
Los extendió hacia el exterior y fue consciente de que
esa luz, no dañaba, solo, la hacía más <u>visible</u>.
Y se dispuso a salir.
Acojonada, pero intrépida.
Momento de intriga y absoluta satisfacción.
¡Gritó!
¡Paren el mundo, hoy salgo yo!
Como quien toca el cielo, sin despegar los pies del suelo.
Fue despojando cajas con veneno que un día, mataron.

Tranquilos, aquí hay final <u>feliz</u>, acabaron reverdeciendo
los buenos.
Se topó con la vida de frente, miradas de felicidad
perenne.

Aún con temor, aprendió a quererse.
Y entonces llegó él y afanó sus miedos.
Llegó a dar sentido a los sentidos que yacían dormidos,
arrebató redes banales, que atrapaban sus bienes e
invocaban los males.
Amansó su masa, alterando su calma en suspiros.
Y entonces, como si mi cuerpo fuese aire, tú quisiste
leerme en braille.

VIVIRLO Y DISFRUTARLO

Quizá en su sonrisa, se esconden las peores guerras y
eso, me incita a luchar, esta vez, sin morir en el intento.
Siempre fui justa de más, necesidad imperiosa de salvar
y ahora, también salvarme.
Qué fácil es mirar sin querer ver, la dificultad se halla
al revés.
Donde todos buscan sin encontrar y yo, sin busc(arte)
encuentro.
La confianza no se vende, se gana.
Debe ser, que por eso despertaste la ilusión y mataste al
miedo, fuiste capaz de hacerme ver que no todos los
monstruos intoxican, que como en la humanidad existen
los malos y los buenos y que al final, aunque pocos, aún
quedan de esos que se atreven a entrar en tu infierno,
aun sintiendo que podrían salir ardiendo, pero
arriesgan, porque es la única posibilidad de salir
exitoso.
Créeme, que no cualquiera entiende mi caos, nunca
quise que lo entendieran para ordenarlo, sino más bien
que quisieran vivirlo y disfrutarlo así, porque forma
parte de mí, porque la única paz que me llena es la
mental y ya, no le temo a los conflictos.
Y tú, has decidido arriesgarte y acompañarme.

ESTUDIOS SECUNDARIOS

Reconozco que nunca fui buena estudiante, supongo que, como todo en la vida, solo se presta atención a aquello que te despierta un interés, sin necesidad de forzarlo.

Debe ser por eso que, en <u>Geografía</u> siempre andaba tan perdida, sin saber dónde ubicarme.

Hasta que llegaste y te elegí a ti como destino favorito, donde cobijarme entre todos los lugares de la tierra.

No fui de prestar demasiada atención en <u>historia</u>, pues me aburrían todas aquellas sabidurías pasadas y yo, soy más de vivir el presente, ya sabes.

Quizá pueda parecerte una desinteresada, pero la única historia que me apetece vivir y en algún momento recordar, es la que estamos creando cada vez que te miro y tus ojos me cuentan la guerra mundial, que se esconde dentro de ti; cuando tus oídos escuchan hablar de amor, desamor, confianza y todas esas cosas que hoy por hoy son manejadas y creadas por la <u>tecnología</u>.

Tecnología que antiguamente, valía para crear máquinas y quizás por eso la humanidad ahora funciona así; actuando automáticamente por corrientes, que no llegan a crear chispazos.

Chispazos que den luz al motor y provoquen su función.

En <u>matemáticas</u>, era la del tiempo de descuento, no sabía contar conmigo y siempre me sentía perdida a la hora de sumar.

Pero llegaste tú, restando divisiones y multiplicando sumas, que nos convirtieron en la mejor fórmula <u>física</u>; y

<u>química</u> por aquello que se crea en el aire cada vez que rozamos nuestros cuerpos.

Cuerpos dignos de exponer en <u>biología</u>, para estudiar la morfología de tus abrazos sin sentido, que se sienten infinitos.

La <u>educación física</u>, me evadía de la realidad, hasta que se les dieron más importancia a los valores físicos, que éticos.

Por eso, prefiero andarme por las ramas de tu lenguaje corporal; no hay mejor literatura que la de tu boca, dándome los buenos días al despertar.

Jamás me creí artista, pero tu patrón me empujó a la <u>educación plástica</u> y, me vi capaz de crear trazos perfectos entre tus lunares, donde cobijarme de nuevo cuando volviese a sentirme perdida en geografía.

<u>Música</u> era mi favorita, hasta que se quedó en segundo plano al oír tu voz, susurrándome al oído, contándome que ninguna melodía se compararía jamás con nuestras carcajadas de premisa por mirarnos, sin decir nada más.

Todo esto son estudios secundarios, pero se convierten en primarios, si hablamos de ti.

CONTIGO QUIERO

Contigo quiero, todo lo que un día rompí y tiré al olvido.
Contigo quiero, la vida que tuve y dejé morir o maté.
Contigo quiero revivir, abandonar las prisas e invocar a
la calma.
Ya avanza demasiado rápido el tiempo cuando te miro y
no quisiera que tu presencia fuese fugaz.
Contigo quiero, todo aquello que siempre anhelé y
maldije por no tener, pero ahora te tengo, y contigo vino
todo eso y lo quiero, lo quiero contigo, conmigo y
nuestro.
Quiero contigo, reír las penas y llorar las alegrías,
porque en nuestros días, siempre presiden las risas
aunque, venga vestido de luto el temporal.
Por eso contigo quiero, por ser tú tan especial y hacerme
tan especial a mí.
Por mirarme así, por hacer lo imposible por verme reír y
dejarte querer completo, porque no entendemos de
mitades y eso es lo que nos complementa.
No queremos ser uno, queremos seguir siendo dos, dos
personas distintas, cada cual con su vida, sus idas y
venidas, sus movidas, pero al alzar la vista, verte al otro
lado, para gritar que te esperes o te vengas si quieres,
pero que no te vayas y si te vas que sea para volver,
porque yo aquí estaré, sin ser tu pie del cañón, pero
disparando balas, contigo y conmigo.

TE QUIERO, JODER.

Quiero joder(te).
Tranquilo, no hablo de venganza.
Quiero joderte y no de la forma que lo hace cualquiera,
ni como nos jode la vida.
Ni como nos jode esa persona que se fuga a la mínima.
Te quiero joder, joderte bien.
Ven, siéntate.
Desabróchate los miedos uno a uno y ponte las
inseguridades, vamos a desnudarte de dentro hacia
fuera, que es como casi nadie lo hace.
Llama a tus demonios, quiero provocar el desfase,
porque yo si voy a joder, quiero que estén todos delante.
Dile al monstruo que te invade, que no le tengo miedo,
no es que yo sea de las que farde, pero no soy cobarde
ante ellos.
Tranquilo, no voy a ser yo quien te arranque de nada,
serás tú solo, con tu amor propio y mi compañía, quien
se despoje de todo aquello que no le aporta nada.
Mírame, no tengo armas, solo es mi alma que quiere
ayudar a la tuya a encontrar su calma.
No hago magia, ni vengo con trucos.
Solo soy yo, salida de un cajón sin salida, donde me
cobijé tanto tiempo.
Por eso sé lo que siento al verte y lo que tú sientes al
mirarme.
Y por tus ojos sé que no hacen falta palabras, para que
entienda el infierno que arde dentro de ti, cada vez que
te digo que,

TE QUIERO, JODER.

ME MEREZCO

Me merezco a alguien que admire mis lágrimas y no las
juzgue.
Alguien que, me haga sonreír así, sin más, de forma
natural.
Alguien que, le abra el alma y no saque el puñal, con
objetivo a clavarlo donde más profundo llegue.
Alguien que, me mire y se sienta orgulloso de la persona
que soy, que no esté en intento de cambio
progresivamente, porque si me vas a querer, me quieres
así, con todo, con mis mejores y peores versiones y sino,
puedes marcharte; no estoy dispuesta a cambiar por
nadie.
Alguien que, me libere de tensiones y no me las
provoque, que venga a darme guerra y acabemos en paz,
sin haber muerto de otro modo, que no sea de placer.
Soy feliz, pero si merezco algo, es serlo más si cabe.
Gracias por venir a recordarme cuanto valgo.
Algunas personas me provocan tanta felicidad, que
duele.

TARATATÍ

Que empezó a ser de la vida sin ti.

Dejaron de ser tardes en el sofá, viendo un programa cualquiera, ya que, tú no tenías ninguna preferencia que no fuera la mía.

Dejaron de ser tus miradas de amor puro, tus abrazos fuertes y mágicos, parecía que iban a romperme y conseguían todo lo contrario y tus susurros, diciéndome al oído que nunca te ibas a ir.

Dejó de oírse la puerta, de aquella forma que solo tú la hacías sonar y tu voz de fondo, gritando "taratatí" que hacía que yo dejase cualquier cosa que estuviese haciendo, para salir a buscarte corriendo, sabía que venias cargado de alguna sorpresa; como si tu presencia no fuese de por sí, el mejor regalo que la vida me podía dar.

Todo dejó de ser, hasta yo.

Pero tuve que volver, porque sé que, si hubieses estado presente, no hubieses dejado que me fuera a ninguna parte, ni que me rindiera ante ninguna circunstancia.

Tu lema era fuerza y constancia, y aunque nunca te lo prometí, no te fallaré.

Y aquí me tienes, luchando por lo que quiero día tras día, con vosotros lejos, pero sintiéndoos muy cerca, con el alma un poco partida, pero nada que me impida avanzar.

Esté donde esté, sé que me miraréis, me guiareis, me leeréis y lo celebrareis cuando lo consiga.

PD: vuestra nieta, la del genio por fuera y gelatina por dentro.

¡OS QUIERO!

SOY PRESA

Me mira, me lía,
La vida, me enfila.
Lo miro, me escondo,
Sonrío, de fondo...
Me toca, me erizo,
Me roza, suspiro...
Lo abrazo, sospecha,
Se gira, soy presa.

AMOR

Debería de ser una asignatura, porque siempre la
llevamos pendiente.
Nos enseñan a ser <u>educados</u>, a ofrecer cariño y
demostrarlo, a dar abrazos, aunque no sean devueltos,
"porque hay que saber dar sin <u>esperar</u> recibir".
¿En qué momento se nos enseña a querernos?
¿En qué época de nuestra infancia nos enseñan que
debemos abrazarnos a nosotros mismos antes que al
resto?
¿Cuándo se aprende a darse <u>cariño</u> para que aunque no
sea devuelto te sientas querido?
Desde pequeños nos encarrilan en una cadena, que nos
acaba ahogando por acabar actuando siempre, teniendo
en cuenta que pensarán.

Esto, indirectamente, te enseña a guardar actitudes
propias, las cuales te crean en toda tu <u>esencia</u> y que
reprimes porque "no son aptas" para el público.
¿A caso somos un espectáculo?
Igual me perdí ese capítulo y, por eso me encontré.
Nadie me enseñó, solo yo fui creadora, dueña y
<u>aprendiz </u>de esta lección, que aprobé con creces.
Ahora, se dar sin esperar, pero sé elegir a quien.
Ahora, sé abrazar(me), me da igual que no vengan de
vuelta.
Ahora, sé quererme.

AHORA, NADIE PUEDE DETENERME.

YA NO TENGO MIEDO

Desde que sus manos me rozan, ya no sé a qué sabe el
ruido.
Me definen carcajadas por un toque costal y sonrisas
tenues provocadas por miradas de complicidad.
Desde que sus manos me rozan, tienen sentido sonidos
que siempre pasaron desapercibidos, como el gemir de
un cariño y no solo por placer.
Desde que sus manos me rozan, me siento instrumento,
no me toca por sentir, me toca sintiendo y ahí, es donde
me convierte en melodía.
Y ya...

Ya no tengo miedo a que me escuchen.

¡LLEVA CUIDADO!

Lleva cuidado, a ver si al girar una esquina, te topas
conmigo y te olvidas del pasado en un soplido.
Vengo pisando fuerte, pero mis pasos no son dañinos.
¡Lleva cuidado al girar la esquina!

A ver si te va a estar esperando la felicidad y la vuelves
a dejar escapar por miedo a pasar fatigas.
Respira...
!Lleva cuidado!
Por si te topas con mi sonrisa de frente y te planta un
beso inocente, en la frente (de esos que te salvan), que te
chafe los miedos y te llame valiente (porque lo eres).
¡Lleva cuidado!

Porque soy capaz de conectar con el guerrero que llevas
dentro y escondes frecuentemente, otra vez, por miedo
al qué dirán.
Pero es que, quien de verdad te conoce, sabe que lo eres
y desea que lo saques y te lo creas.

Venga, a la de 1, 2...

¡YA!
Sin contar el tiempo de idas y venidas,
quien de verdad te admira,
te está esperando a la vuelta de la esquina.

LA CLAVE

Eres, el típico sueño que me apetece vivir y no imaginar.
Yo no soy de perseguir personas, pero sí que me apetece
seguir tus pasos, acompañarte, celebrar los triunfos y
llorar las derrotas, juntos.
Creo en los equipos, cuando hay unificación y creo que
tú y yo vamos los dos a una, quizás, eso es lo que me
llena de ti, de mí.
Que ninguno deja de ser solo, para que seamos nosotros.
Que manteniendo la esencia por separado, creamos otra
esencia diferente juntos.
Que ninguno se rompe los brazos por tirar del otro y,
abrimos el pecho en canal para saber lo bonito y lo que
no es tan bonito, porque así nos enseñaron a querer, con
TODO.
La perfección no existe, pero tú por suerte sí.
No diré que eres mi suerte, porque ya era suertuda
antes de conocerte, pero añades un plus a todo lo que ya
abundaba en mi vida.

Creo que esa es la clave.

Que no hemos buscado mitades, nos encontramos
enteros, con ganas de COMPARTIR vida, sin
partir(nos).

ERES MÍA

NO.

No soy de nadie.

Solo yo soy la dueña de mi vida, de mis gustos y mis hechos.

Yo manejo mi barco y si me place, lo dejo a la deriva.

A mí me mira, quien me quiera mirar y me toca quien me apetezca que lo haga.

No, no soy tuya, soy muy mía.

Y es un papel que nadie me arrebatará en esta vida, ni si quiera quien me trajo a ella.

Yo la vivo, a mi manera, no a la tuya, ni la de cualquiera.

AMA MIS DEFECTOS.

Hasta yo aprendí a hacerlo.

Sé que no es fácil, pero bueno, cuando realmente quieres, lo haces sin quererlo.

Cansada, estoy cansada de que solo se ame lo bonito y externo, que sin conocer nada más de ti, se atrevan a juzgarte por ello.

Cuando alguien conoce tus errores y defectos, es porque has sentido que merece hacerlo, no le abres el pecho a cualquiera, y menos, si crees que va a romperlo.

Que yo no estoy continuamente buscando el error, más bien me baso en él, para llegar al acierto.

Y lo cierto es que no soy perfecta, ni pretendo serlo y alguien busca eso, lo siento, está en la lista de lo que NO vas a encontrar en mí.

Ama mi lógica, aunque no sea la tuya, encuentra encantos en lo que te enrabieta, porque al final es mi esencia y así, es como me tienes que querer, imperfecta.

No juzgues mi forma de gestionar mis emociones, cada uno siente a su modo y si yo me alivio llorando, si quieres me prestas tu hombro y me apoyo.

Pero si me ves hundida, no apuntes al blanco, haz que salga a flote y sigamos nadando.

Todo el mundo adora las sonrisas, pero dime:

¿Cuantos admiran tus lágrimas?

FLASHES DE INSPIRACIÓN

- Si estar solo te hace sentirte solo, estás jodido.

Porque no es lo mismo necesitar estarlo, que sentirlo porque realmente lo estás.

- Cambiemos lo que perdimos, por lo que vendrá.

- El que cree saber de todo, no sabe nada.

No hay que dar lecciones de vida, sino practicarlas.

- Es distinto ser ganador porque lo sientes, que sentirse ganador por necesidad.

- Mi objetivo en la vida no es encajar con alguien, es encajar conmigo.

- Pasa y se pierde, gasta y malgasta, todos sucumbimos ante él y no perdona.

Día a día; vida a vida; muerte, tras muerte...

Tiempo al tiempo.

Jose (Mi Celedonio).

- *Solo los que comprenden mi ausencia, merecen mi presencia.*

- *Desde que no espero, recibo; desde que no busco encuentro.*

- *Somos tantas cosas que no creemos y creemos ser tantas cosas que no somos.*

- *Fue bonito cuando acabó.*

Las pérdidas, traen ganancias. Romper con aquello que te aniquila se llama valentía y libertad.

- *Si me ves diana fácil, dispara para otro lado. Puede que el dardo se te acabe clavando a ti.*

- *Quien no me quiso cuando estuve en ruinas, que ahora no venga a visitar mi palacio.*

- *Me siento un barco a la deriva. Sé en qué puerto me encuentro, pero no veo el momento de partida.*

- *Pero al final, mi mente y mi corazón saben más que las palabras.*

Sergio (mi amigo virtual).

- *Puedo permitir que una noria me maree. Pero, ¿tú?*

Tú no formas parte de mi vértigo.

- *El mundo sigue girando, pero tú sigues siendo mi parada favorita.*

- *Me llamaban salvavidas, cuando la primera batalla perdida era la mía. ¿Qué nombre se le pone a un pozo que te absorbe sin salida?*

- *Que sabia es la vida poniendo a las personas en el camino.*

Unas te guían y otras te hieren, pero todas acaban en lección.

- *La felicidad está dentro de ti, solo tienes que dejarla fluir.*

- *En mi soledad encontré la mejor compañía, que ironía de vida.*

Y que cobardía la de aquel, que dice que estar solo no es vivir, pues dependen de otro latir.

- Estar en paz con uno mismo, es crear guerras con el resto del mundo.

- Me pilló hecha trizas por dentro, pero decidió quedarse entre mi desorden; y con paciencia ordenar cada pieza dislocada.

- Que bien sabe la paz, después de haber vivido en guerra.

- Donde estén, estás.

- Si dices que NO y te sientes bien, tú ganas.

Fer (esta frase se hizo tuya).

- Puedo tardar en llegar, puedo tardar en irme, pero si abro la puerta para salir; no esperes mi regreso.

- Ya vendrá...

Vendrá y con las malas, traerá las buenas.

- Principio triste con final feliz. ¿Por qué no?

- "No te lo dije antes porque no te quería hacer daño"

¿Y mientras lo ocultabas? ¿Crees que no lo causabas?

- En los días de frío no necesito otro abrazo que no sea el mío.

Vuelve, ME necesito.

- Yo todo; tú nada. Yo no tanto; tú tan(poco).

- Habla la gente. Dicen lo que piensan sin pensar lo que sienten.

- Hace tiempo que deje de estar, no contigo, sin mí.

- Dicen que el tren solo pasa una vez, y que si no lo coges...

Pues si no lo coges, no pasa nada, porque al rato llega otro.

- *Mi disponibilidad va a empezar a cobrarse; con hechos.*

- *Hay quien promete lucha, pero nunca llega a la batalla.*

- *La clave no es convertirse en un cabrón/a, la clave es saber irse a tiempo.*

- *Dicen que el amor está en el aire; estoy empezando a plantearme si seguir respirando.*

- *Que eterna es la hipocresía y que efímera una verdad.*

- *Jugué con fuego y se acabó apagando él.*

- *Esta vez ganan las ganas; le susurré al miedo.*

- *La vida es una cuerda llena de locos.*

- *Repasé mi conciencia durante sueños rotos y me di cuenta que no era tu ausencia la que rompía, sino la mía.*

- No le des prioridad a quien te posponga, no eres un despertador.

- Ni soy la perfección, ni la estoy buscando.

- No esperes a que el objetivo llegue a ti, apúntale tú a él.

- Me follé a la soledad y fue más placentero, que follar contigo bajo cuatro sábanas que cubrían un (sin) sentido.

- No prediques lo que no practicas.

- Vísteme con palabras y desnúdame con hechos.

- Lo siento, no quiero dormir más contigo; si no es en la misma cama.

- Vivimos en el tiempo del "blah, blah". Ni gestos, ni caricias, ni besos en el portal.

- *Háblame menos, abrázame más, porque las cosas que se sienten son las que permanecerán, lo que me susurres al oído desvanecerá.*

- *Cuando amas, no amarras.*

- *Si me vas a matar, que sea a risas.*

- *Te vi y el corazón rabió. Al ver que tu mirada decía, lo que tus actos callaban.*

- *Me (des)gastaron en vano; me voló la razón y el corazón.*

- *Disimulas sentir lo que sientes sin querer, pero no disimulas bien.*

- *De nuestro futuro ya hablamos en pasado, porque fue. Ya no es, ni será.*

- *Fui tiempo, contigo; y ya pasé.*

Como pasa (el) tiempo.

- Y aunque estaba atardeciendo, en tus ojos se apreciaba un nuevo amanecer; desprendiendo más luz que el propio sol.

- Necesito a personas que me den vida, no que me la quiten.

- Hay luceros que, en vez de alumbrar, te ciegan.

- Si tienes que provocarlo, es porque no lo sientes.

EPÍLOGO

Hay tanto por decir, siento orgullo de donde estás llegando y de ver que estás logrando todas tus metas y objetivos.

"Las palabras que me visten" es un viaje que deja huella, te marca, cada página la haces tuya, cada frase te representa, cierras los ojos al finalizar cada texto y visualizas casi logrando palpar cada historia por la que pasaste, llegando a la conclusión de que al final del camino, has llegado a aprender y a superar cada obstáculo que te ha puesto la vida delante.

Un sueño cumplido, a base de trabajo, esfuerzo y constancia.

Sobre eso y más, la experiencia ¡A la vista está!

Sin esperarlo, de golpe das lecciones de realidad y compartes todo lo que en una parte de tu vida has llegado a sentir, tanto que hasta lo sientes tuyo.

Siempre supe que eras capaz de emocionar, a mí me emocionaste desde el primer texto tuyo que leí y, menos mal que lo hiciste, para poder dejarme estar a tu lado en todo momento.

Tú ya sabes lo que pienso de ti y de todo esto, solo deseo que lo llegue a leer mucha gente.

Eres fuente de inspiración, capaz de convertir tanto las "derrotas", como las alegrías, en una maravillosa obra de arte.

Eres un ejemplo a seguir en millones de aspectos, empezando por la empatía tan especial que posees, solo hace falta una mirada o un simple gesto, con eso ya te basta para saber lo que la persona que está enfrente de ti está sintiendo.

Siguiendo por el carisma y esa alegría que tanto te caracteriza, la cual, por desgracia, como reflejas en el libro, no siempre ha sido así, pero con tu fuerza has sabido superar y aprender de ello.

Podría escribir millones de páginas describiendo todas tus cualidades y virtudes, pero creo que, me faltaría papel en el mundo para terminar esa interminable lista.

Tengo muy claro que no será la última vez que leeré ***"Las palabras que me visten"***, pienso leerlo en todos los momentos de mi vida, cuando no sepa como seguir, cuando sienta que parte de mi mundo se desmorona por momentos, cuando mire a mi alrededor y nada me llene, cuando piense que ya no me quedan cartuchos y esté a punto de soltar todas mis armas.

En ese momento, sí, las soltaré para poder coger y leer este libro tan especial que, sabe decirme que no está mal estar jodido, que somos humanos, que llores si lo necesitas, que da pena que ese/a quien creías que era tu gran amor, el amor de tu vida, o esa persona que era todo un pilar fundamental para ti, se haya ido, en ese momento que termine una etapa y no sepa como cerrarla, cogeré este libro y con cada palabra me haré mi propio traje para entender que la vida sigue, que pararé a respirar si lo necesito, pero ni se me pasará por la cabeza tumbarme en el suelo con la intención de rendirme, entonces, cogeré de nuevo mis armas recargadas y avanzaré, con el objetivo de ser feliz.

Y como no podría terminar de otra forma que, diciendo que espero y deseo con todo mi corazón, que este libro solo sea el primero de muchos, que cada uno tendrá toda tu esencia con un toque distinto y único, que sólo tú sabes plasmar.

Por eso sé que esto no es un final, sino un continuará…

PD: Te quiero Bonica.

Francisco López
@fran.lopezmusic

AGRADECIMIENTOS

Empezaré dando las gracias a todas aquellas personas que tienen este libro entre sus manos, pero en especial y a destacar tengo a unos cuantos que nombrar.

Principalmente a Francisco López, "mi bonico", porque sin él este libro no existiría, él fue quien puso tanto empeño en que mis escritos viesen la luz y compartiera con todos vosotros este revuelto de sentimientos.

Me faltaría vida para agradecerle, no solo esto, sino todo lo que hace día a día por mí, no sabe que solo con su existencia, yo ya soy feliz. GRACIAS por ser partícipe de este proyecto.

Continúo agradeciendo a, Fernando Jover, una persona increíblemente maravillosa, que gracias a la escritura nos topamos en esta montaña rusa a la que se le llama vida y no sabéis que formas de entrar y de quedarse.

Gracias también por ser parte de este proyecto y por darme esa fuerza que me ha faltado en los días de flojedad.

Gracias a Celia Morales, por saber plasmar a la perfección mi idea.

@celitinga

A mis padres y hermana, por todo y por nada en especial.

Por vuestro apoyo incondicional, por aguantar mis días malos e intentar hacérmelos buenos, aunque sé que es difícil, pero no dejáis de intentarlo.

Lo sois todo para mí, aunque nunca os lo diga.

A mis abuelos, que, aunque no estén de cuerpo presente, sé que, de haberlo estado, no me hubiese faltado ni un solo soplo de apoyo por su parte.

A Esther Agulló Valero, por ser la primera persona que me enseñó que llorar no te hace débil, sino que reconforta.

Por hacerme crecer profesional y personalmente, por compartir pasión y hacer que esta crezca más si cabe.

Me quedo con que hay cosas que, aunque no las practices, no dejas de sentirlas. Gracias, te quiero "jefa".

@eym_belleza

A mi familia en general, por apoyarme y alegrarse de verme cumplir mis sueños.

Y, por último, no por ello menos importante, a toda mi familia de distinta sangre, no hace falta nombrarlos, porque todos ellos ya saben quienes son y además suelo agradecerles de vez en cuando por su existencia.

GRACIAS de corazón a todos los que me leéis y hacéis cada palabra mía, vuestra.

Un abrazo enorme.

Mónica Vargas

**SI TE JODE, LO SIENTO.
PERO SER MI PRIORIDAD, ES LO QUE ME
DIO FELICIDAD.**

FIN.

@monicavargas_v

133

LAS PALABRAS QUE ME VISTEN

www.ingramcontent.com/pod-product-compliance
Lightning Source LLC
LaVergne TN
LVHW020334200726
843507LV00012B/2362